टाइगर हिल का हीरो

AF539780

परमवीर चक्र विजेता की आत्मकथा

टाइगर हिल का हीरो

सूबेदार मेजर (मानद कैप्टन) योगेंद्र सिंह यादव

प्रकाशक
प्रभात प्रकाशन प्रा. लि.
4/19 आसफ अली रोड, नई दिल्ली–110002
फोन : 011–23289777 • हेल्पलाइन नं. : 7827007777
इ-मेल : prabhatbooks@gmail.com ❖ वेब ठिकाना : www.prabhatbooks.com

संस्करण
2025

सर्वाधिकार
सुरक्षित

पेपरबैक मूल्य
चार सौ रुपए

फोटो क्रेडिट
लेखक, आर्काइव्स ऑफ द ग्रेनेडियर्स रेजिमेंट ऐंड 18 ग्रेनेडियर्स, पब्लिक डोमेन, जुलाई 2020 में डी.एन.ए. इंडिया डिजिटल पोस्ट

मुद्रक
आर-टेक ऑफसेट प्रिंटर्स, दिल्ली

———— ★ ————

TIGER HILL KA HERO
by Subedar Major (Hony. Capt.) Yogendra Singh Yadav

Published by **PRABHAT PRAKASHAN PVT. LTD.**
4/19 Asaf Ali Road, New Delhi-110002
by Copublishing arrangement with
Bold BOLD An imprint of Srishti Publishers & Distributors, Delhi

ISBN 978-93-5521-325-9

₹ 400.00 (PB)

प्रस्तावना

अपनी टीम के साथ मैं आहिस्ता-आहिस्ता पूरे इलाके को छानता हुआ चल रहा था। दुश्मन कहीं भी हो सकता था। न जाने कौन सी चट्टान वह आखिरी चट्टान हो, जिसे हमने पार किया हो या दुश्मन न जाने कहाँ हमारे ऊपर टूट पड़ने की ताक में बैठा हो। इसलिए हम हर कदम फूँक-फूँककर रख रहे थे।

हम अभी कुछ ही दूर आए थे कि हमारा दम फूलने लगा। इतनी ऊँचाई पर ऑक्सीजन की कमी हमारे सबसे अच्छे जवानों पर भी भारी पड़ रही थी। लिहाजा, हम एक-एक कदम कुछ-कुछ देर पर सुस्ताते हुए, साँस खींचकर अपने शरीर को स्थिर करते हुए आगे बढ़ रहे थे।

कुछ ही मिनटों में हम एक ऐसी खड़ी चट्टान के पास पहुँचे, जिस पर चढ़ना नामुमकिन लग रहा था। अगर हमें टाइगर हिल पर पहुँचना था तो यह बेहद जरूरी था कि हम इसके उस पार पहुँचें। हमने रस्सी फेंकी, जो किस्मत से कहीं जाकर अटक गई। फिर हमने उस रस्सी की मदद से उस खड़े चट्टान को पार किया और ऊपर बढ़े। उस खड़े चट्टान के

ऊपर सबसे पहले मैं ही पहुँचा था। वहाँ पहुँचते ही मैंने चारों तरफ नजर दौड़ाई और सुनिश्चित किया कि मेरे आसपास का इलाका सुरक्षित है, तब सावधानी से मैंने उस रस्सी को एक चट्टान से बाँधा। फिर अन्य जवान एक-दूसरे की मदद करते हुए ऊपर चढ़े।

चढ़ने के दौरान चट्टान पर पड़ते हमारे पैर और उनसे टूटकर नीचे गिर रहे कंकड़ रात के उस मरघट जैसे सन्नाटे में कुछ ज्यादा ही शोर कर रहे थे। ये कंकड़ नीचे गिरने पर तेज आवाज पैदा कर रहे थे। रात को जब चारों ओर शांति छाई रहती है, तब हलकी सी आवाज भी तेज सुनाई पड़ती है।

मैंने नजर उठाकर आसमान को देखा तो अँधेरा छँटता नजर आया, तब मैंने अनुमान लगाया कि सुबह होनेवाली है। अचानक, उस खड़ी चढ़ाई के दोनों तरफ मौजूद पाकिस्तानी बंकरों से सैनिक हम पर फायरिंग करने लगे। उस समय तक हममें से सिर्फ सात लोग ही ऊपर चढ़ सके थे। बाकी के जवान दोनों तरफ से हो रही भारी फायरिंग की वजह से रुक गए।

हमारा रास्ता कट चुका था। बाकी जवान ऊपर नहीं चढ़ पा रहे थे। और जो ऊपर चढ़ गए थे, उनके लिए दाएँ या बाएँ जाना संभव नहीं हो पा रहा था। हमारे ठीक सामने दो बंकर थे।

हमने पोजिशन लिया और फायरिंग शुरू कर दी। कुछ ही देर में हमने आमने-सामने की फायरिंग में उन बंकरों में मौजूद पाकिस्तानी सैनिकों को मार गिराने में कामयाबी हासिल कर ली। आखिरकार हम सामने टाइगर हिल को देख पा रहे थे।

सामने का मैदान दुश्मन की रक्षा-पंक्ति का मुख्य बिंदु था। उस इलाके की झटपट की गई रेकी से हमने अंदाज लगा लिया कि हमारे आसपास लगभग डेढ़ सौ पाकिस्तानी सैनिक तैनात हैं। जब उन्होंने हमारी फायरिंग की आवाज सुनी तो वे भी हमारी तरफ जबरदस्त फायरिंग शुरू कर दी।

भारतीय सैनिकों को पीठ दिखाना नहीं सिखाया जाता, और उस हालात में आगे बढ़ने का मतलब था कि मौत निश्चित है। हम सभी ओर से घिर चुके थे। इस परिस्थिति में जब मौत ही एकमात्र विकल्प रह जाता है तो डर गायब हो जाता है। वैसे भी हम ऐसे सैनिक थे, जो पिछले कुछ समय से भारी फायरिंग के बीच जी रहे थे।

मुझे मौत का डर नहीं था। मैं बस यही प्रार्थना कर रहा था कि टाइगर हिल पर दोबारा विजय प्राप्त करने से पहले मुझे मौत न आए।

लेखक की टिप्पणी

मैं अपने आपको बेहद भाग्यशाली समझता हूँ कि अपने इस जीवनकाल में मुझे तमाम अच्छे लोगों से मिलने और उनका सहयोग पाने का सौभाग्य मिला। मैं आज जहाँ हूँ, वहाँ अपने प्रिय पात्रों, मित्रों और सहयोगियों की सहायता के बिना नहीं पहुँच सकता था।

मैं सदा-सदा के लिए भगवान् का आभारी हूँ कि उन्होंने मुझे यह जीवन दिया। मेरी माँ श्रीमती संतरा देवी और पिता रामकरण सिंह यादव ने हमेशा ही मुझे एक अच्छा व्यक्ति बनने के लिए प्रेरित किया। उनकी शिक्षा और सतत प्रेरणा से बचपन से ही मेरे अंदर आत्मविश्वास पैदा हुआ।

मैं हृदय से भारतीय सेना का आभारी हूँ, जिसने मुझे दिखाया कि देश के लिए जीना और मरना क्या होता है। इस पुस्तक को आप तक लाने और इसके लिए सहयोग व मार्गदर्शन के लिए ए.डी.जी. पी.आई. के प्रति मेरा बहुत-बहुत आभार।

मैं उन सभी प्रिय साथियों को विशेष रूप से धन्यवाद देता हूँ, जिन्होंने मुझे प्रेरित किया कि मैं अपने जीवन के अनुभवों पर एक पुस्तक लिखूँ

और लिखने के दौरान हमेशा मेरा उत्साह बढ़ाया।

मुझे उम्मीद है कि मेरे विविध अनुभवों और मेरे जीवन को हमेशा के लिए बदल देनेवाली उस सबसे महत्त्वपूर्ण घटना को पढ़कर आपको आनंद आएगा।

जय हिंद!

—योगेंद्र सिंह यादव

अनुक्रम

भाग–1

परिवार और गाँव का जीवन

बाल्यावस्था

उत्तर प्रदेश के जिला बुलंदशहर के चौबीसा क्षेत्र में एक गाँव है औरंगाबाद अहीर। इसी में रामकरण सिंह खेती करते हैं। उनकी पत्नी संतरा देवी उनकी हर प्रकार से मदद करती हैं। इसी किसान परिवार में 10 मई, 1980 को मेरा जन्म हुआ।

परिवार में तीन भाई हैं—बड़े भाई जितेंद्र सिंह और छोटा भाई देवेंद्र सिंह हैं। हमारे पिता एक भूतपूर्व सैनिक थे और माँ गृहिणी। माता-पिता खेती-बाड़ी करके हम तीनों बच्चों का बहुत अच्छी तरह से लालन-पालन करते थे।

हम भाई अपने माता-पिता को मेहनत करते देख, कामकाज में जितना हो सके, उनका हाथ बँटाया करते थे। इसी तरह मिल-जुलकर हम एक अच्छा जीवन व्यतीत करते थे। काम के साथ-साथ हँसी-मजाक भी खूब चलता था।

दरअसल यह हमारे देश के गाँवों की संस्कृति में रचा-बसा हुआ है। यही कारण है कि आज भी गाँव में जगह-जगह लोग इकट्ठा बैठे हुए मिलते हैं। घंटों बातें करते हैं और ठहाके लगाकर हँसते हैं। हुक्का पीते हुए दिन

की परिचर्चा करना, अपने बचपन की बातें करना, घर-समाज, देश की बातें करते हुए कब रात हो जाती थी, पता ही नहीं चलता था। हमारे गाँव के हर गली-मोहल्ले में बुजुर्ग[1] और अधेड़ उम्र के लोग आज भी बैठकर इसी तरह बातें करते हैं। इससे न केवल सब लोग मिल-जुलकर रहते हैं, बल्कि छोटे बच्चे भी बड़ों की बातों से काफी कुछ सीखते हैं।

अफसोस कि यह संस्कृति हमें शहरों में देखने को नहीं मिलती। गाँवों में अपनी इस दिनचर्या से लोग अपने तनाव और काम की थकान, दोनों मिटा लेते हैं। ज्यादा हुआ तो जोर से हँसकर मन और शरीर को तरोताजा कर लेते हैं। यह क्रिया शरीर को स्वस्थ रखने में भी बड़ी मदद करती है, इसलिए गाँव के लोग शहरों की तुलना में कम बीमार पड़ते हैं। गाँव की औरतें भी सुबह 4 बजे से अपने पशुओं को चारा-पानी देने तथा घर का काम करने में जुट जाती हैं। फिर खेती के काम में मर्दों के साथ कंधे-से-कंधा मिलाकर पूरा दिन काम करती हैं, साथ ही अपने बच्चों का लालन-पालन भी करती हैं।

बचपन में हम देखते थे कि माँ सुबह 4 बजे उठकर पशुओं को चारा डालती थी, फिर गोबर उठाकर पशुओं के रहने की जगह को साफ करके 5 बजे चूल्हा जलाती थी। सबको चाय बनाकर देती, फिर हमको पढ़ने के लिए बैठा देती। हम पढ़ते रहते और वह साथ बैठी खाना बनाती तथा भैंसों का दूध निकालती। मेरे पिता या बड़े भाई गाँव की सहकारी दुग्ध डेरी पर उस दूध को दे आते थे।

प्रतिदिन सुबह सात बजे से पहले माँ सारा खाना बना लेती थी और पूरे घर की सफाई भी कर लेती थी। 7:30 तक हमको स्कूल भेजकर, माता-पिता बुग्गी में बैठकर खेत पर काम करने के लिए निकल जाते। यों तो हमारे पास कोई ज्यादा बड़ी खेती नहीं थी, लेकिन जितनी भी थी, उससे पैदा हुई फसल

---

1. *कुमाऊँ रेजिमेंट के साथ रहते हुए, उन्होंने साल 1965 और 1971 के भारत-पाकिस्तान युद्ध में हिस्सा लिया था।*

से घर का गुजर-बसर हो जाता था।

हम भाई अपने माता-पिता को काम करते हुए बहुत गौर से देखते थे—कैसे वे इतने कम समय में अपने काम को कितने अच्छे तरीके से पूरा कर लेते हैं। हालाँकि गाँव के हर घर की यही कार्यशैली थी। सभी दिन भर अपने काम में व्यस्त रहते और शाम को इकट्ठा बैठकर पूरे दिन के काम की परिचर्चा करते।

शाम को होनेवाली इन सभाओं में तंबाकू और हुक्का काफी चलता था। ऐसा नहीं था कि गाँव के सिर्फ बड़े ही साथ बैठकर हुक्का पीते थे। मेरी माँ और उनकी सहेलियाँ भी रात को हुक्का पीती थीं तथा अपनी दिनचर्या, बच्चों की पढ़ाई, खेती और देश-समाज के बारे में बातें करती थीं। आज भी ज्यादातर गाँवों में शाम के 6 से 7 बजे तक खाना बना-खा लिया जाता है। 8 से 9 बजे तक तो गाँव के लगभग सभी लोग सो भी जाते हैं, सिवाय हुक्का पीनेवाली पार्टी के।

आपको यह भी बता दूँ कि इन बैठकों में सभी लोग हुक्का नहीं पीते थे। उनकी टोलियों में कुछ लोग ऐसे भी होते थे, जो साथ बैठकर विचार-विमर्श करने आते थे।

हमारे घर में भी हुक्का पीनेवाली टोली रोज रात को बैठा करती थी। उस टोली में ज्यादातर मेरे पिता के बचपन के दोस्त और मोहल्ले के कुछ नौजवान रहते थे। मुझे इस टोली का हिस्सा बनना ही पड़ता था, क्योंकि मेरी चारपाई उनके नजदीक होती थी और हुक्के की चिलम भरना मेरा ही काम होता था। हुक्के के लिए गोबर के कंडों की आग तैयार रखने का काम पिताजी ने मुझे सौंप रखा था तो मुझे भी उनके साथ जागना पड़ता था। कभी पढ़ाई करता, कभी उनकी बातें सुनता, बस हर रोज यही क्रम चलता रहता।

आज सोचता हूँ कि छोटी उम्र से ही अपने आसपास के लोगों से मुझे

बहुत ज्ञान मिला। कभी उन्होंने खुलकर ये बातें कहीं और कभी मैंने उनकी दिनचर्या देखकर ही यह सब अपने मन में धारण किया। स्रोत जो भी रहा हो, इन सब छोटी–बड़ी बातों ने हम भाइयों के जीवन की एक ठोस नींव रखी।

ऐसे लोग, जिनमें संघर्ष और चुनौतियों का सामना करने की क्षमता होती है, उन्हें सफलता मिलने की संभावना अधिक होती है।

□

घर का स्कूल

हम सब जानते हैं कि घर बच्चे की प्रथम पाठशाला होता है। सभी बड़े लोग और गुरु हमको अपने ज्ञान तथा अनुभव से सिखाते हैं। घर में कोई ब्लैकबोर्ड नहीं होता, कोई नोटबुक, पेन-पेंसिल नहीं होती, फिर भी हर कदम पर हम कुछ नया सीखते हैं। उस समय चाहे हमें यह समझ नहीं आता, लेकिन जब हम कुछ बड़े हो जाते हैं, समझदार हो जाते हैं तो स्वयं ही अहसास होता है कि माता-पिता की सिखाई बातें किताबों की दी शिक्षा से कई गुना ज्यादा जीवन को सँवारती हैं और हमको अपने जीवन-पथ के लक्ष्य को प्राप्त करने में मदद करती हैं। यह बात हमको तब समझ आती है, जब हम अपने जीवन-पथ पर चलते हुए लोगों के प्रशंसक बनते हैं और अपने जीवन में कामयाब हो जाते हैं।

मुझे याद है, जब पापा शाम को साथ बैठकर हमारे साथ खाना खाया करते थे तो अपने जीवन की घटनाओं का जिक्र करते थे। वे हमें रोजमर्रा के काम करने में मदद करनेवाली बातें समझाते थे। जैसे किस तरह लोग आपकी कमजोरी का फायदा उठा सकते हैं। वे अकसर हमें कहते, "आप जब कामयाब हो जाओगे तो लोग आपकी इज्जत और सम्मान करेंगे। साथ-साथ हमारा भी सम्मान और इज्जत बढ़ जाएगी।"

आज उनकी वे बातें सच हो रही हैं। मैं अपने बारे में सोचता हूँ तो उन बातों की सच्चाई साफ झलकती है। मेरे साथ सैकड़ों लोग अपने नाम को जोड़कर बोलते हैं—मेरे दो भाई हैं, जिसमें से एक फौज में सूबेदार तो दूसरा एक प्राइवेट जॉब करता है। दोनों ही सम्मानजनक जिंदगी जी रहे हैं।

यह समाज की सोच है कि कामयाबी और उपलब्धियाँ प्राप्त करनेवाले लोगों के साथ लोग अपने नाम को जोड़ लेते हैं। जो किसी कारणवश कामयाबी प्राप्त नहीं कर पाते हैं और गलत रास्ते पर चल पड़ते हैं तो समाज के साथ उनके सगे-संबंधी भी उनको नकार देते हैं। कोई उनके साथ अपने आप को, अपने नाम को नहीं जोड़ना चाहता। ये बातें मुझे अब स्पष्ट दिखती हैं और याद आता है कि किस तरह पिताजी ऐसे जीवन के सत्य हमें बताया करते थे।

वे कहते थे, "जो यह रोटी खा रहे हो, जो आपके पेट की भूख मिटा रही है, यह ऐसे ही नहीं मिलती। किसान दिन-रात खेत में मेहनत करता है, अपना खून-पसीना बहाता है। चौबीसों घंटे अपने खेत की फसल के बारे में सोचता है, उसकी देखभाल करता है।" कई बार वे हँसकर कहते, "मैं रोज खेत पर जाता हूँ तो तुम लोग बोलते हो, जब खेत पर कोई काम नहीं है तो क्यों चक्कर काटते हो ? बेटे, जिस चीज को आपने मेहनत से बोया है, अगर उससे लगाव नहीं रखोगे, उसको नहीं देखोगे तो इतना सबकुछ आपको प्राप्त नहीं होगा। जाओगे तो खेत और खेत की फसल भी किसान के लगाव को देखती है। यही लगाव उसको उसकी मेहनत का कई गुना फल देता है।"

मैं दिल से मानता हूँ कि यह सच भी है—आप जिस काम को कर रहे हैं, यदि आप उसके पास रोज जाकर बस खड़े भी होंगे, उन साधन-संसाधनों को निहारेंगे, जिससे आप काम करते हैं तो स्वाभाविक रूप से आपको इन सबसे एक आत्मिक लगाव हो जाता है। जैसे—एक माँ अपने बच्चे को बार-बार दूध पिलाती है तो बच्चे का माँ से स्वाभाविक लगाव हो जाता है। जब कोई और उस बच्चे को गोद में उठाता है तो बच्चा रोने लग जाता है।

बच्चे को पता लग जाता है कि यह मेरी माँ नहीं है। ठीक वैसे ही, खेत को भी आभास हो जाता है। मैंने यह देखा और महसूस किया है कि जो किसान रोज अपने खेत और खेत की फसल को निहारने जाते थे, उनकी फसल ज्यादा अच्छी होती थी। बजाय उनके, जिनके मालिक कभी-कभार खेत पर जाते थे। वैसे ही पशुओं और जीव-जंतुओं का भी है। जिस घर के पशुओं की देखभाल ज्यादा होती थी, वह घर खुशहाल होता था।

हमारे पिता अकसर माँ के बारे में कहते, "तुम्हारी माँ दिन-रात काम करती है, तुम्हारी देखभाल करती है। उसकी सेवा जमकर करना, क्योंकि औरत घर की लक्ष्मी होती है। जिस घर में औरतों का सम्मान नहीं होता, उस घर में कभी लक्ष्मी नहीं आती और घर बरबाद हो जाता है।" उन्होंने हमें सिखाया कि कभी औरत पर हाथ नहीं उठाना चाहिए। वे कायर और बुजदिल होते हैं, जो औरतों पर हाथ उठाते हैं। उनकी एक और बात मैंने गाँठ बाँध ली थी—"उस घर की उन्नति होती है, जहाँ शांति होती है, सभी का आपस में प्रेम होता है। ईंट-पत्थरों से बने मकान को घर नहीं कहते। घर सभी लोगों के आत्मिक प्रेम का मंदिर होता है, चाहे वह छप्पर ही क्यों न हो। अगर लोग प्रेम से, आत्मिक लगाव से, खुशी के साथ रहते हैं, जिससे आत्म-संतुष्टि, आत्म-खुशी मिल रही है तो उन लोगों के छप्पर भी महल से ज्यादा खूबसूरत होते हैं।

ऐसी बहुत सी जीवन की सच्चाइयाँ, कड़वी बातें माँ-बाप के सिवा और कौन सी किताब हमको सिखा सकती है! इसलिए तो माता-पिता इनसान के पहले गुरु और घर प्रथम पाठशाला होता है।

> ***यह जीवन बेशकीमती है। हमें इसे दूसरों की आलोचना करने या जो सत्ता मिली है, उसका दुरुपयोग करने में बरबाद नहीं करना चाहिए।***

□

भावना पैदा करना

जैसाकि मैं पहले बता चुका हूँ कि हम अपने माता-पिता की तीन संतानें हैं, और तीनों ही बेटे। हम पाँच इनसानों का यह परिवार गाँव के एक छोटे से घर में रहता था। केवल एक पक्का कमरा था और उसी में हम सब रहते थे। घर में सिर्फ तीन ही चारपाइयाँ थीं—एक पर पिताजी, दूसरी पर माँ व छोटा भाई और तीसरी पर मैं और बड़े भाई सोते थे। अगर कोई रिश्तेदार या मेहमान आ जाता था तो हम दोनों भाई जमीन पर धान का पुआल बिछा, उस पर बिस्तर लगाकर सोते थे। पिताजी खेती का काम हो या पशुओं का, हम दोनों भाइयों को साथ रखते थे और काम करने के तरीकों के बारे में बताते रहते थे। बड़ा भाई लगभग हर काम की बारीकियों के बारे में समझ गया था। पिताजी को हमें सभी काम सिखाने की जल्दी थी।

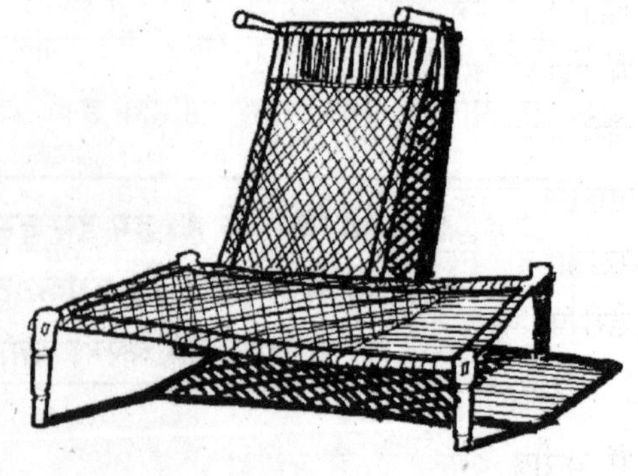

पता नहीं क्यों ? जब हमारे खेलने–कूदने के दिन थे, तब तक हम घर का सारा काम सीख चुके थे।

अचानक पिताजी को बहुत गंभीर बीमारी ने जकड़ लिया। उस समय जिले में अच्छे अस्पताल नहीं थे। बड़े अस्पताल दिल्ली या मेरठ में थे। हम अपने शहर में सभी अच्छे डॉक्टरों को दिखा चुके थे, लेकिन पिताजी को कोई आराम नहीं आया था। घर को चलानेवाला मुखिया जब चारपाई पर आ जाए तो आप अंदाजा भी नहीं लगा सकते कि उस घर की स्थिति कैसी होगी।

खेती–बाड़ी का सारा काम रुक गया। एक साल तक हमारी बहुत दयनीय स्थिति रही। फिर हमारी चचेरी बहन आई। उसका विवाह हरियाणा के फरीदाबाद में हुआ था और उसी गाँव में मेरी बुआ भी रहती थी। वे दोनों पिताजी को अपने साथ ले गईं, ताकि वहाँ उनका बेहतर इलाज हो सके। इस दौरान मेरी माँ का रो–रो कर बुरा हाल था। अब पूरे घर का भार माँ के कंधों पर आ गया था। हम बच्चों के साथ खेती और पशुओं के काम को सँभालते हुए उनका स्वास्थ्य भी बिगड़ने लगा।

तभी बड़े भाई ने घर के काम को पूरा करने की जिम्मेदारी अपने कंधों पर ले ली। उस समय वे सातवीं में पढ़ रहे थे और मैं चौथी में। भाई पड़ोसी चाचा को साथ लेकर हल जोतता, तो मैं थोड़ा घर के काम में ध्यान देता था। माँ ने हम दोनों का काम बाँट दिया था। बड़ा भाई खेती सँभालता और मैं पशुओं की देखभाल करता, जैसे—उन्हें नहलाना, चारा डालना, उनकी जगह को साफ रखना, दूध निकालना और उसे डेरी पर पहुँचाना।

एक दिन मैं दूध निकालने में करीब एक घंटे से ज्यादा

लेट हो गया। दुधारू पशु रँभाने लगे। दरअसल, मुझे खेलने का बहुत शौक था। खेलते-खेलते कब पशुओं के दूध दुहने का समय निकल गया, पता ही नहीं चला। मैं रोज उन्हें चारा डालकर चला जाता था और दूध निकालने के समय आ जाता था। लेकिन उस दिन ऐसा नहीं हो पाया। भाई और माँ हमेशा खेत पर साथ ही रहते थे। जब वे घर लौटे तो देखा कि भैंसें रँभा रही हैं। उन्होंने गोबर करके पूरा तबेला गंदा कर दिया था। माँ समझ गई और आते ही स्थिति को सँभाला। उन्होंने दूध दुहा, पशुओं की जगह को साफ किया। वे दोनों गुस्से में लाल थे। मैं जब घर पहुँचा तो बड़े भाई ने मेरे गाल पर जोरदार एक थप्पड़ जड़ दिया और बोला, "अगर घर को सँभालना है तो यह नादानी छोड़नी पड़ेगी।"

उन्होंने एक बात और कही, जो थी—

"जो काम बिगाड़े आपनो जग में होत हँसाय।
जो काम सुधारे आपनो जग में होत बढ़ाय।"

उन्होंने मुझे समझाया—"अपने हाथ से बिगाड़े गए काम से जग में हँसी होती है और अपने हाथ से किए अच्छे काम की समाज भी प्रशंसा करता है। अब देख ले, तुझे क्या करना है।"

मैंने उस दिन से भाई की इस सीख को अपने अवचेतन मन में बसा लिया, जो आज तक बसी हुई है। मैंने उसी समय यह प्रण लिया कि आज के बाद खेलने नहीं जाऊँगा और मैंने किया भी ऐसा ही। भाई और माँ खेती को सँभाल रहे थे और मैं घर का पूरा काम करने लगा।

जब सब काम करते हैं तो किसी एक के ऊपर काम का भार भी नहीं होता और काम भी तेजी से हो जाता है। इसी को टीमवर्क कहते हैं। यह बात जब मैं फौज में आया तो और भी गहरी हो गई। अब खेती और दूध से होनेवाली आमदनी का पैसा पिताजी के इलाज के लिए बहन के पास भेज

दिया जाने लगा। इस दौरान घर भी ठीक तरीके से चल रहा था।

मैंने अनुभव से सीखा है कि जब कोई हमें काम सिखा रहा हो तो काम को धीरे-धीरे सीखते रहना चाहिए। ऐसा करके प्रकृति और माँ-बाप आपको भविष्य के लिए तैयार कर रहे होते हैं। जिस काम को आपके कंधे बोझ समझते हैं, वही काम आपके कंधों को मजबूत कर रहे होते हैं। यकीन मानिए, यही काम संसार में आपकी पहचान निर्मित करते हैं।

वे केवल आपके कर्म ही हैं, जो उन्नति और विकास का मार्ग प्रशस्त करते हैं। जो बच्चा बचपन से कार्य करने की आदत डाल लेता है, वही जीवन-पथ पर कुशलतापूर्वक चल पाता है।

हम जो भी करते हैं, उन सभी का असर किसी-न-किसी प्रकार से दूसरों पर पड़ता है। इसलिए अच्छा करें, अच्छा बनें और इस दुनिया में और अधिक अच्छाई फैलाएँ।

□

भाई का प्रेम और शिक्षा

घर कोई भी हो, उस घर के सबसे बड़े बेटे का प्रभाव बाकी बच्चों पर पड़ता ही है। अब वह चाहे उसका व्यवहार हो, विचार हो या अन्य कोई गतिविधि ही। लोग कहते भी हैं कि अगर घर का बड़ा बच्चा लायक निकलता है तो छोटे भी उसी राह पर चल पड़ते हैं। कुछ मिथ्या या अपवाद भी हो सकते हैं, लेकिन ज्यादातर ऐसा ही होता है।

मेरे बड़े भाई ने खेती सँभालते हुए बारहवीं पास करके बी.एस-सी. में प्रवेश ले लिया था। अब घर के हर सदस्य को उम्मीद बँध गई कि इसकी अब नौकरी लग जाए तो घर की आर्थिक स्थिति सुधर जाएगी। गाँव में अब छोटी खेतीवाले किसान ही रह गए हैं। उन खेतों में इतना ही अनाज हो पाता है, जिससे घर का गुजारा भर चल सके। इन लोगों में अपने बच्चों को किसी बड़े स्कूल में बड़े कोर्स में दाखिला दिलाने की हिम्मत नहीं होती। यह सब तो बड़े काश्तकार ही सोच सकते हैं। वे अपने बच्चों को शहर भेज सकते हैं।

परंतु ज्यादातर आम दृष्टिकोण रखनेवाले माता-पिता की अपने बच्चों

से उम्मीद होती है कि वे भी घर में आर्थिक योगदान दें। बच्चे भी माता-पिता की मनोस्थिति और घर के हालातों से अनभिज्ञ नहीं रहते। लिहाजा ऐसे में उनके पास नौकरी के संबंध में दो ही विकल्प होते हैं—पहला, फौज में सैनिक के तौर पर भर्ती होना और दूसरा, पुलिस का सिपाही बनना। इसके लिए वे इसकी तैयारी भी शुरू कर देते हैं। इसमें कोई पहले प्रयास में सेलेक्ट हो जाता है तो कोई कई भर्तियों में प्रयास के बाद सेलेक्ट हो पाता है।

हमारे समाज में बातें बनानेवालों और सेलेक्ट न हो सके बच्चों के मनोबल को गिरानेवालों की कमी नहीं है। जो प्रथम प्रयास में ही सेलेक्ट हो गया, वह समाज की नजरों में टेलेंटेड हो जाता है। उसके माँ-बाप भी अच्छे, संस्कारी हो जाते हैं। हालाँकि सभी माँ-बाप अपने बच्चों को अच्छे संस्कार ही देते हैं और कोई गैर-संस्कारी नहीं होते, लेकिन बोलनेवालों का मुँह कौन बंद कर सकता है! जिनका बच्चा कई-कई प्रयासों में भी सफल नहीं हो पाता, उनका तो जीना दुश्वार हो जाता है।

अब मेरा बड़ा भाई भी सेना में भर्ती योग्य हो चुका था। वह जहाँ कहीं भी फौज या पुलिस की भर्ती रैली होती, वहीं पहुँच जाता। वह भी कई भर्तियों में खुद को आजमा चुका था, लेकिन परिणाम उसके पक्ष में नहीं आ रहा था। हम सभी उसके सेना में भर्ती होने का इंतजार कर रहे थे।

फिर 1995 में आखिरकार वह आर्मी में टेक्निकल पद पर चयनित हो गया। जब बड़े भाई का फाइनल मेरिट लिस्ट में नाम आ गया तो घर के हर सदस्य की खुशी का ठिकाना न रहा। घर में माँ के सिवा सब खुश थे, क्योंकि माँ का सबसे बड़ा साथी तो मेरा भाई ही था। वही माँ के साथ पूरी खेती को सँभालता था। माँ को उसके सलेक्शन की खुशी तो थी, लेकिन मन में यह चिंता भी सता रही थी कि अब खेती कौन सँभालेगा। मेरे साथ खेत पर हाथ कौन बँटाएगा। हम फिर वैसे ही हो जाएँगे, जैसे 8 साल पहले थे, क्योंकि पिताजी अभी भी अपनी बीमारी से ठीक नहीं हुए थे।

मैं बहुत खुश था कि मेरे भाई की नौकरी लग गई है। अब जब वे छुट्टी में घर आया करेंगे तो हमारे लिए मिठाई और कपड़े लाया करेंगे। जैसे हमारे पड़ोस में कुछ नौकरी करनेवाले लाया करते थे। अपने घरवालों के लिए हम भी यही सपना देखा करते थे। अब वह सपना पूरा हो रहा था।

मैंने माँ से कहा, "अब आप खेती की चिंता छोड़ दो। मैं खेती का सारा काम सँभाल लूँगा और आपसे वादा करता हूँ, भाई के बराबर या उससे ज्यादा ही अन्न पैदा करके दिखाऊँगा।"

भाई ने जब मेरी ये बातें सुनीं तो वह बहुत खुश हुआ, क्योंकि उसने मुझे भी अपने साथ खेती करने की और हर फसल को उगाने की सभी बारीकियाँ समझाई थीं।

आखिरकार जब उनके ट्रेनिंग पर जाने का समय आया तो उससे दस दिन पहले उन्होंने मुझे हर तरह की बातें समझाईं। ऊँच-नीच, मान-सम्मान, खेती कैसे करना, पर ज्यादा काम का बोझ मत डालना—यह सब उन्होंने मुझे प्यार से समझाया। मैं ध्यानपूर्वक उनकी हर एक बात को सुनता रहता और उनसे वादा किया कि मैं घर के मान-सम्मान को कभी ठेस नहीं पहुँचने दूँगा।

मेरे ताऊजी के लड़के, जो हमारे पिता समान हैं, भाई को मेरठ भर्ती दफ्तर छोड़ने गए। माँ भाई के जाने के बाद कई दिनों तक उदास रही। बड़ी मुश्किल से उन्हें सँभाला और भाई की दी हुई शिक्षा और वादे को निभाने में जुट गया।

जब हमारी गेहूँ की फसल कटी तो उसमें भाई के समय से ज्यादा पैदावार हुई। आखिरकार मैंने वादा किया था और अब यह सबको साकार होता दिखाई दे रहा था। मेरी आँखों में खुशी के आँसू थे। तब मुझे अहसास हुआ कि वादा सिर्फ जुबान से नहीं होता। उसमें मेहनत, लगन, निष्ठा,

ईमानदारी और सबसे महत्त्वपूर्ण, ईश्वर पर भरोसा होता है।

मैंने अपने खेत, पशुओं और फसल को प्यार किया। मैंने हर परिस्थिति से प्रेम किया, हर एक जिम्मेदारी को निभाया और हर काम के लिए ईश्वर का धन्यवाद करता रहा। मेरे पिता ने यही तो सीख दी थी—"जब हम किसी काम के प्रति निष्ठावान और लगनशील होते हैं तो ईश्वर भी हमारी मेहनत को चार गुना करके हमें लौटाता है।"

भाई के इसी प्यार और शिक्षा के कारण मैंने पूरे घर का काम अपने कंधों पर ले लिया और दृढ़ संकल्प के साथ उसे किया।

जीवन का दूसरा नाम ही कष्ट है। अगर हम अपना सबसे अच्छा रूप निखारना चाहते हैं तो हमें हर कदम पर बिना शिकायत उस कष्ट को सहना होगा।

□

भाई और पिता की प्रेरणा

मेरे भाई और पिता के कहे प्रेरणा के शब्दों ने हम बच्चों की तकदीर ही बदल दी। कहते हैं कि यदि छोटे भाई-बहन अपने बड़े भाई और पिता के कहे शब्दों को अपने चित्त में लगा लें तो उन्हें आगे बढ़ने से कोई नहीं रोक सकता। उनके शब्दों में छुपा उनका अनुभव न केवल हमारे वर्तमान, बल्कि हमारे भविष्य को भी सुधारने में मदद करता है।

आजकल के बच्चे सिर्फ वर्तमान पर विश्वास रखते हैं। यदि आप उन्हें यह सब समझाएँगे तो उनके पास इसके लिए भी तर्क होते हैं। कुछ मामलों में वह सही भी है, क्योंकि यह तो सत्य है कि भविष्य को किसने देखा है! परंतु यह भी सत्य है कि वर्तमान में रखी गई मजबूत नींव पर ही सुंदर और सशक्त इमारत का निर्माण किया जा सकता है। वर्तमान में रखी गई कमजोर नींव पर सुंदर इमारत तो बन सकती है, लेकिन मजबूत नहीं बन सकती। आप खुद ही सोचिए, जिसकी नींव ही कमजोर हो, वह मकान आँधी, बारिश, तूफान में ताश के पत्तों की तरह बिखर नहीं जाएगा? उसमें कठिनाइयों से जूझने का दम ही नहीं होता। वे तो बालू के बने ढेर की तरह होते हैं, जो बारिश की चार बूँद पानी और हलकी हवा से बिखर जाते हैं। इसलिए वर्तमान की नींव को अपनी मेहनत,

लगन और कठोर परिश्रम से बहुत मजबूत बनाने की कोशिश करनी चाहिए।

क्या आप जानते हैं, एक किसान बीज को एक निश्चित गहराई में बोता है, ताकि पानी देने पर वह पौधा पानी के साथ बह न जाए, उजड़ न जाए। वैसे ही बच्चों को हर साल एक निश्चित गहराई का ज्ञानरूपी बीज अपने मन-मस्तिष्क में बोना चाहिए। यह एक ऐसी नींव है, जो आपके भविष्य को सुंदर, सशक्त और समृद्ध बनाएगी।

मुझे भी मेरे पिता और बड़े भाई ने प्रेरणा भरे कुछ ऐसे शब्द कहे। उन्होंने मुझे सेना में भर्ती होकर देश की सेवा में लग जाने के लिए प्रेरित किया।

मेरा बड़ा भाई जून-जुलाई 1996 में अपनी ट्रेनिंग पूरी करके घर आया हुआ था। जब सब मिल बैठे और मेरी भर्ती की बात छिड़ी तो मैंने भी बच्चोंवाले लड़कपन में कह दिया, "अभी भर्ती नहीं होना मुझे। अभी मेरी उम्र ही नहीं हुई! और बारहवीं में अभी-अभी तो दाखिला लिया है; बारहवीं पास करने के बाद देखूँगा।"

उनको उस समय यह कह तो दिया, लेकिन रात को सोते समय शांत मन से उनकी बातों पर विचार किया। मन और मस्तिष्क में जो तर्क-वितर्क होता है, वह हमारे विचारों को स्पष्टता देता है। मैं सोचने लगा, यह तो मेरे सपने को पूरा करने की बात कर रहे हैं। बचपन से मैं अपने आप को फौज की वरदी पहने और देश के लिए लड़ते हुए देखना चाहता था।

मुझे ऐसे खयाल रात को आते थे। यह शायद इसलिए भी था, क्योंकि पिताजी कभी-कभी रात के समय अपने दोस्तों को हुक्का पीते हुए 1965-71 के युद्धों की दास्तानें सुनाया करते थे। मैं बचपन से ही उनके पास बैठकर उनकी उन बातों को बड़े ध्यानपूर्वक सुना करता था। शायद वे सब बातें, युद्ध के वे खयाल और सैनिकों की वीरता मेरे अवचेतन मन में बस गए। उनकी वजह से मुझे यह सपने दिखते थे, लेकिन मैं उन सपनों को मन-आत्मा से

जीता था। उस रात यह सब सोचकर मैं समझ गया था कि मैं उन सपनों को पूरा करना चाहता था।

बस पिता और भाई की बातों ने मेरे सपनों को पूरा करने की आग को हवा दे दी। तब मुझे ऐसा लगा कि अब मुझे कोई रोक नहीं पाएगा। आगे बढ़ने के पहले कदम के तौर पर मैं जानकारी जुटाने लगा। कब भर्ती होगी और क्या कागज चाहिए होंगे। सेना के भर्ती दफ्तर से पता चला कि अक्तूबर में भर्ती है तो मैं जी-जान से उसकी तैयारी करने लगा।

हालाँकि देखा जाए तो मैं पढ़ाई-लिखाई और शारीरिक रूप से ज्यादा मजबूत नहीं था। परंतु फिर भी मैं जानता था कि मैं पहली बार में ही सेलेक्ट हो जाऊँगा। ऐसा इसलिए, क्योंकि मेरे मन का विश्वास मजबूत था।

मेरी माँ ने मुझसे कहा, "इनसान के मन का विश्वास ही उसको कामयाबी दिलाता है। अगर आत्मविश्वास है तो एक ही बार में सेलेक्ट हो जाओगे।"

उनकी यह बात सुनकर मुझे काफी साहस मिला। मैं खुद को तैयार करना चाहता था और निरंतर कोशिश भी करता था।

मेरे पिता और भाई को मेरे ऊपर इतना विश्वास नहीं था। शायद मेरे लड़कपन के कारण वे चाहते थे कि मैं और मेहनत करूँ। लेकिन पिता और भाई के प्रेरणादायक शब्दों और माँ के विश्वास के कारण जब मैं पहली बार 10 अक्तूबर, 1996 को भर्ती होने के लिए गया तो प्रथम प्रयास में ही दौड़ में सेलेक्ट हो गया। फिर मेडिकल और लिखित परीक्षा पास करके बिना किसी चुनौती के उत्तीर्ण हो गया।

इस पूरी प्रक्रिया के लिए मुझे तीन बार गाँव से मेरठ जाना पड़ा। माँ घर से निकलते समय सौ रुपए देती थी। हाथ में नोट थमाते ही बोल देती थी, "सारे खर्च मत करना। इनमें से बचाकर लाना।"

दरअसल गाँव से मेरठ तक जाने में पच्चीस रुपए का खर्च आता था।

लोकल बस में स्टूडेंट्स स्टाफ चलाता था, जिससे थोड़ा किराया बच जाता था। गुलावठी से मेरठ का किराया था पंद्रह रुपए और मेरठ बस स्टैंड से अपनी दीदी के घर पहुँचने के लिए रिक्शेवाले को दस रुपए और देता। इस तरह आना-जाना पचास रुपए में हो जाता था। अपने खाने पर कभी-कभी दस रुपए खर्च कर लेता था।

खाने-पीने से एक मजेदार किस्सा याद आया। भर्ती के दौरान जब मेरा वजन हो रहा था, तब मुझे बारह केले और खूब सारा पानी पीना पड़ा, क्योंकि पचास किलो वजन होना अनिवार्य था। मेरा वजन कम था, इसलिए केले खाकर और पानी पीकर वजन पूरा किया।

मगर जब भी मैं मेरठ से आता था, हर बार वापस आकर माँ को 40-50 रुपए वापस कर देता था। क्योंकि मुझे मालूम था, उस समय हमारे परिवार के लिए पैसे की क्या कीमत थी। सो तो आज भी है।

इस तरह मैं 27 दिसंबर, 1996 को परिवार की प्रेरणा से अपने सपने को साकार कर सका और सेना में भर्ती हो गया।

> ***विवेकपूर्ण लोग, जो अच्छे गुणों से परिपूर्ण होते हैं,***
> ***वे विनम्र होते हैं। इस कारण ही कहते हैं कि***
> ***थोथा चना, बाजे घना।***

□

गाँव की जीवन-शैली

क्या आप जानते हैं कि भारत में लगभग 6,28,221[2] गाँव हैं। भारत सांस्कृतिक परंपराओं के देश के रूप में जाना जाता है। यह भी सत्य है कि हर एक गाँव के अपने रीति-रिवाज और परंपराएँ होती हैं। हर इलाके में भाषा, पहनावा, खान-पान थोड़ा भिन्न होते हैं।

मेरे इलाके के गाँवों के रीति-रिवाज और भाषा भी थोड़ी अलग है। जब इन बोलियों और रिवाजों को सँजोकर लोग आपस में बैठकर बातें करते हैं तो बहुत आनंद आता है। देश की रंग-बिरंगी तसवीर का ऐसा चित्रण होता है कि मन गद्गद हो जाए।

शायद आपको जानकर अचंभा होगा कि कुछ गाँवों में अलग-अलग धर्म, जाति के लोग बड़े प्रेम से, मिल-जुलकर, एक-दूसरे के सुख-दुःख के साथी बनकर रहते हैं। जब मैं बचपन में यह नजारा देखता था तो मुझे बहुत अच्छा लगता था। मुझे याद है, मेरे गाँव में दो-तीन ही मुसलिम परिवार थे। वे गाँव में कारपेंटर और लोहार का काम करते थे। आप यों समझ लें कि पूरे गाँव की बुग्गी, यानी लकड़ी और लोहे का सारा काम—चाहे वह नया बनाना

2. *भारत सरकार की ओर से कराई गई 2019 की जनगणना।*

हो या मरम्मत करनी हो—सब वही करते थे।

अचानक एक दिन लोहार के बेटे को पीलिया हुआ। उसको दिल्ली के हॉस्पिटल ले जाना था। उनके पास उस बच्चे को दिल्ली तक ले जाने का कोई साधन नहीं था। गाँव के कुछ लोग अपनी मोटर कार में उसे ले गए और अच्छे हॉस्पिटल में भर्ती कराया। गाँववालों ने एकजुट होकर घर-घर से चंदा इकट्ठा किया। वे सब पैसे दिल्ली भिजवाए गए, लेकिन उस लड़के की हालत में कोई सुधार नहीं हुआ।

एक दिन सूचना आई कि वह लड़का नहीं रहा। पूरा गाँव स्तब्ध रह गया था। जब उसको गाँव वापस लाया गया, तो उस लड़के की अंतिम यात्रा में पूरा गाँव उमड़ पड़ा। ऐसा नजारा हम तब देखते हैं, जब देश पर मर-मिटनेवाले सैनिक की अंतिम यात्रा निकलती है। परंतु खुद एक पाँच साल के बालक के तौर पर मैंने यह नजारा जीवन में पहली बार देखा था। आज भी उस लड़के की शवयात्रा का दृश्य मेरे मन-मस्तिष्क में चलचित्र सा चलता है।

आज जब उन दिनों को याद करता हूँ तो गर्व होता है। गाँव के लोगों का आपसी निस्स्वार्थ प्रेम, एक-दूसरे के प्रति सहयोग की भावना और घर के किसी भी उत्सव या दुःखद समय में मदद करना मुझे हमेशा याद रहता है। कभी-कभी यह अहसास ही नहीं होता था कि यह हमारे घर का कार्यक्रम नहीं है। आज भी मैं यह सोचकर पुलकित हो उठता हूँ।

आज दुनिया की जीवन-शैली में काफी अंतर आ गया है। इसका असर गाँव के रहन-सहन पर भी पड़ता जा रहा है। लेकिन कुछ हद तक आज भी गाँव के लोगों में वह लगाव, प्रेम और सहयोग की भावना है।

~✤~

मैं छुट्टी में जब जब गाँव जाता हूँ तो इस नजारे को देखता हूँ। मुझे याद है, शाम को जब माँ चूल्हे पर खाना पकाती थी तो हम चूल्हे के पास

ही बैठकर खाना खाया करते थे। पिताजी खाना खाने के साथ हमारी बुराइयाँ और अच्छाइयाँ माँ को बताया करते थे। इससे हमें सीख मिल जाती थी और शाबाशी भी।

जब बुराई शुरू होती थी तो सोचता था कि खाना खाऊँ या नहीं! भोजन करना भी मुश्किल हो जाता था।

और यह केवल हमारे घर का नजारा नहीं था। सभी घरों में ऐसा ही माहौल होता था। कोई डाइनिंग टेबल तो होता नहीं था, बस चूल्हे के पास बैठकर सभी साथ में खाना खाते थे। वैसे मैं आज भी अपने गाँव में जाता हूँ तो अपने भाइयों के साथ ऐसे ही बैठकर खाना खाता हूँ। हाँ, अब चूल्हे का खाना तो नहीं मिलता, परंतु परिवार का साथ वैसे ही बरकरार है।

आज बच्चों को खाना खाने में आनाकानी करते देखता हूँ तो अपना बचपन याद आता है। सुबह को माँ बड़े से बरतन में दही और रोटी खिलाती थी। सब्जी सिर्फ सुबह ही बनती थी, वह भी अपने खेत में उगाई हुई। शाम को प्याज, टमाटर की चटनी, गुड़ और दूध के साथ रोटी खाई जाती थी।

अब आप समझ गए होंगे कि गाँव के लोगों की कितनी अद्भुत जीवन-शैली होती है। मैं नमन करता हूँ अपने गाँव के लोगों को, अपने देश को, जो भिन्न-भिन्न धर्म, जाति के होते हुए भी एक होकर रहते हैं। यही एकता, विश्वास, आपसी प्रेम, निस्स्वार्थ सहयोग देश की ताकत को बढ़ाता है। हम सबको यह समझना होगा, क्योंकि यही हमारी इनसानियत की, देश की और समाज की शक्ति है।

आप जिस दिन प्रयास करना बंद कर देते हैं,
उसी दिन अपने विकास को भी बंद कर देते हैं।

□

आपसी प्रेम और सहयोग

आप मेरे गाँव के लोगों की मदद करने की प्रवृत्ति को समझ ही गए होंगे, उस छोटे लड़के के इलाजवाली बात से। और यह सिर्फ मेरे गाँव की बात नहीं है। मैंने देखा है कि ज्यादातर गाँवों में लोगों में आपसी प्रेम और सहयोग की भावना कूट-कूटकर भरी होती है। अपना-पराया, तेरा-मेरा, ये सब भावनाएँ उनमें होती ही नहीं। आप भी उनसे मिलेंगे तो मान जाएँगे कि शहरों की तुलना में गाँव के लोग ज्यादा सच्चे होते हैं और बहुत मेहनती भी। वे अपनी मेहनत पर पूर्ण विश्वास रखते हैं और भगवान् भी उनकी मेहनत को कभी बरबाद नहीं करता। हाँ, बहुत बार परीक्षा जरूर लेता है।

गाँव के लोगों का पूरा जीवन खेती पर ही निर्भर होता है। कमाई का कोई दूसरा साधन तो होता नहीं। मैंने देखा है कि कभी-कभार बारिश, ओलों से पूरी फसल बरबाद हो जाती है। बरबाद हुई फसल के बाद भी ईश्वर इतना देखता है कि उसके परिवार का भरण-पोषण हो जाए। उसको किसी से माँगने की जरूरत नहीं पड़े। यही सब देखकर मैंने सीखा कि कैसे मुश्किल वक्त और परिस्थितियों में कभी हार नहीं माननी चाहिए। अगर आपका दृढ़ विश्वास है तो ईश्वर भी आपकी मदद जरूर करेगा।

टाइगर हिल का हीरो

एकता तो गाँव के लोगों में ऐसे समाहित होती है, जैसे गुलाब के फूल में सुगंध। ऐसी एकता मधुमक्खियों में दिखती है; अगर मधुमक्खी के छत्ते में कोई पत्थर मार दे तो सारी मधुमक्खियाँ उसके पीछे पड़ जाती हैं। ऐसे ही गाँव के किसी घर-परिवारवालों को कोई दूसरे गाँव या अनजान इनसान क्षति पहुँचाने की चेष्टा करता है तो पूरा गाँव एकत्र होकर उसकी मदद करने के लिए उसके परिवार के चारों तरफ सुरक्षा-चक्र के रूप में एकत्र हो जाता है।

मुझे बचपन की एक घटना याद आ रही है। उस समय मैं कक्षा छठी या सातवीं का छात्र था। तब हमारे गाँव के पूर्वी हिस्से में एक हरिजन[3] परिवार रहता था। उनकी बेटी की शादी थी और सर्दियों का मौसम था। उनके घर पर बदमाशों ने धावा बोलकर पूरे घर को लूट लिया। शादी का सामान लूटकर जो चलने लगे, तो उन्होंने अपनी बहादुरी और साहस को दरशाने के लिए अपनी बंदूक से फायर किया। वे यह दिखाना चाहते थे कि जिस गाँव में आज तक चोरी नहीं हुई थी, उसमें उन्होंने चोरी करके दिखा दी है। देखा जाए तो यह उनकी बहादुरी नहीं, बुजदिली थी। वे हमारे गाँव की एकता को चुनौती दे रहे थे।

मगर जैसे ही बंदूक के फायर की आवाज हुई, पूरा गाँव अपने लाठी-डंडे और जिसके पास बंदूक थी, सब लेकर उस परिवार की सुरक्षा के लिए निकल पड़ा। पल भर में उसके घर के पास पहुँच गए।

परिवार ने लोगों को बताया कि बदमाश किस दिशा में गए हैं। सब लोग उसी दिशा में दौड़ पड़े। कुछ देर में गाँववालों और बदमाशों में फायरिंग शुरू हो गई। बदमाशों के पास रिवॉल्वर और हम लोगों के पास

3. *अनुसूचित जाति।*

लाठी-डंडे होने के बावजूद गाँव के लोग उनसे ऐसे भिड़ गए, जैसे भारत के सैनिक अपने देश तिरंगे की शान के लिए लड़ते हैं। गाँववालों को गाँव के स्वाभिमान और गौरव को कायम रखना था।

उस लड़ाई में कोई अपनी जान की परवाह नहीं कर रहा था। कई घंटों तक वह युद्ध चला। इसमें मेरे गाँव का एक आदमी शहीद हुआ और गाँव के लोगों ने चार बदमाशों को मार गिराया। जब लड़ाई खत्म हुई तो गाँव के बाकी लोगों के साथ मैं भी एक बदमाश की लाश को देखकर आया। उसका सिर पूरा लाठियों की मार से कुचल सा गया था। उस समय ही मुझे मेरे गाँव के लोगों की एकता पर गर्व महसूस हुआ। इतना ही नहीं, हम बच्चों में भी लोगों की सुरक्षा की भावना जाग्रत् हो गई।

हम सब एकमत से यही सोचते थे कि कुछ भी हो जाए, गाँव की इज्जत, मान-सम्मान को कभी कम नहीं होने देंगे। इस प्रकार गाँव के लोगों ने इस घटना से हम बच्चों को सिखाया कि गाँव के लोगों में एकता और सहयोग की भावना कूट-कूटकर भरी है। इस भावना को मैंने अपने अंतर्मन में बसा लिया और फौज में भी यह मेरे बहुत काम आई।

फौज में हमारी यूनिट, हमारे साथ के लोग ही हमारा परिवार होते हैं। वे हमारे अच्छे पलों में हमारे साथ जश्न भी मनाते हैं और चुनौतियों के समय आपके साथ कंधे-से-कंधा मिलाकर खड़े भी रहते हैं।

~✤~

क्या आपने सोचा है कि सहयोग आखिर है क्या! सहयोग शब्द आते ही मन में आ जाता है बिना किसी के कहे किसी की सहायता करना।

सहायता किसी भी तरह से की जा सकती है। जैसे किसी दिव्यांग को सड़क पार कराना, गाड़ी में चढ़ाना, किसी के पास भारी सामान है और वह व्यक्ति उसको कई बार प्रयास के बावजूद उठा नहीं पा रहा तो उसकी

मदद कर देना, बुजुर्ग लोगों की मदद करना। यही सब छोटी-बड़ी बातें सहायता है, सहयोग है।

मुझे याद आ रहा है, जब मैं बहुत छोटा था, लेकिन कुछ समझदार हो गया था, उसी समय से मई-जून की एक घटना मेरे मस्तिष्क में आज भी अंकित है। जब वह घटना याद आती है तो मेरी रूह काँप जाती है। साथ-ही-साथ गाँव-मोहल्ले वालों द्वारा की गई मदद से मन पुलकित हो जाता है।

वह घटना थी आग की। मई-जून के समय गेहूँ की कटाई पूरी हो जाती है और खेतों में कुछ भूसा पड़ा रहता है। हमारे गाँव की पश्चिम दिशा में एक खेत था, जिसमें भूसे को एकत्र करके रखा हुआ था। न जाने कैसे, किसने उस खेत में आग लगा दी। मई-जून के माह में अग्नि देवता भी अपनी यौवन अवस्था में होते हैं। दिन के 2:00 से 2:30 बजे का समय था, जब आग लगी। पूरी जमीन भी सूर्यदेव की तपन से तप रही थी। सूर्यदेव की आग से वैसे ही सब खरपतवार, सब सामान सूखा पड़ा हुआ था। तनिक सी आग की चिनगारी की जरूरत थी कि पल भर में सबकुछ राख हो जाए। और वही हुआ।

जैसे ही आग की चिनगारी प्रज्वलित हुई, अग्निदेव की शक्ति को और प्रबल करने के लिए वरुण देव भी साथ-साथ चलने लगे। हवा के कारण कुछ ही पलों में अग्निदेव ने इतना विशाल रूप धारण कर लिया था कि ऐसा लगता था, आज पूरे गाँव को अपने आगोश में लेकर राख बना देंगे। वरुण देव हवा को जिस दिशा में चलाते, उसी दिशा में अग्निदेव भी पराक्रमी गति से बढ़ रहे थे।

कुछ ही समय में हमारा घर भी अग्निदेव के आगोश में समाहित होने लगा। पूरा गाँव अपने-अपने साधनों से अग्निदेव को शीतलता प्रदान करने की कोशिश कर रहा था, गाँव का जन-जन सेना के सैनिकों की तरह अग्नि से युद्ध लड़ रहा था, लेकिन अग्निदेव शांत होने के मूड में ही नहीं थे। वे

तो पूरे गाँव को ही राख बनाने पर तुले हुए थे।

मुझे उस वक्त माँ डॉक्टर से दवाई दिलवाकर लाई थी। मुझे बुखार और चेचक हुआ था। गली-मोहल्ले, गाँव के लोगों की चीख-पुकार सुनकर दवा के नशे के बावजूद मेरी आँखें खुल गईं। हमारे घर में एक ही पक्का कमरा था, बाकी सब कच्चे छप्पर पड़े हुए थे। चारपाई से उठा तो देखा, हमारे घर में भी धुआँ भर गया था। चारों तरफ अफरा-तफरी मची हुई थी। कोई पशुओं की जान बचाने के लिए दौड़ रहा था तो कोई उनकी रस्सियों को काट रहा था।

माँ ने कहा, "अपने भाइयों के साथ मंदिर की तरफ दौड़ जाओ।" हमारे घर के खेती करने के साधन आग की भेंट चढ़ रहे थे, जब मैं अपने भाइयों के साथ गाँव के दक्षिण दिशा में बने मंदिर की तरफ भागा। भागते हुए ऐसा प्रतीत हो रहा था कि आग से गाँव का नामोनिशान ही मिट जाएगा। लेकिन तब तक फायर स्टेशन की बारह गाड़ियाँ भी आ गईं। गाँववालों और फायर ब्रिगेड की मदद से अग्निदेव शांत हुए।

स्थिति को काबू में आते-आते शाम हो गई थी। हमारा पूरा मोहल्ला जलकर राख हो गया था। कोई संसाधन नहीं बचा—पशुओं का चारा, अनाज, चारपाई, लत्ते-कपड़े सबकुछ उस आग में जलकर राख हो चुके थे। शाम को मोहल्ले में कोई अपने बच्चों की तलाश कर रहा था, कोई अपने पशुओं को ढूँढ़ रहा था।

रात के दस बज गए थे। हम अपने घर में राख बने सामान को देखते रहे। माँ का रो-रोकर बुरा हाल था। दूसरे मोहल्ले के लोगों का हुजूम घर-घर लगा हुआ था। हम भूख से तड़प रहे थे, क्योंकि आग से जद्दोजहद में पूरा दिन निकल गया था। रात 11:00 बजे मोहल्ले के कई घरों से खाना आया। खाना तो खा लिया, लेकिन सोने के लिए न कोई चारपाई थी, न ओढ़ने के लिए कोई कपड़ा। खैर, जैसे-तैसे जमीन पर लेटकर रात काटी।

सुबह गाँव के कुछ लोगों ने कुछ कपड़े दिए।

पूरा दिन अपने घर के सामान की राख को साफ किया, फिर धीरे-धीरे गाँव के सहयोग से अपने जीवन को सामान्य बनाने लगे। मुझे याद है, पिताजी ने उसी दिन एक दृढ़ संकल्प किया। अब हम को मकान घास की छप्पर का नहीं बनाना। काम चलाने के लिए गाँववालों की मदद से टीन का छप्पर डाला और आगे की तैयारी के लिए सामान जोड़ने लगे। उसके बाद समय के साथ हमने पूरा घर ईंटों का बना लिया। यह सब गाँव के लोगों के सहयोग के बिना संभव नहीं हो पाता।

उस समय मेरे परिवार को मदद की जरूरत थी और लोगों ने आगे बढ़कर हमारी सहायता की। मैं समझ सकता हूँ, हर छोटी-से-छोटी मदद सामनेवाले को कितना हौसला देती है। इसलिए मैं हमेशा कहता हूँ, हम अगर किसी को मुश्किल में देखें तो अपने आप उसका सहयोग करें। आपके उस छोटे से सहयोग से किसी का जीवन बदल सकता है।

प्रेम ही आपकी सारी ऊर्जा का स्रोत होता है।
आप अपने हृदय से दूसरों को जितना प्रेम करेंगे,
उतना ही प्रेम आपको दूसरों से मिलेगा।

□

मेरी जिद की दास्तान

आपने जीवन में यह अनुभव किया होगा कि बचपन में बच्चे के जैसे संगी-साथी होते हैं, उसका असर बच्चे के जीवन पर भी पड़ता है। तभी तो सुसंगति पर इतना जोर डाला जाता है। कितने ही गुरुओं ने प्राचीन पुस्तकों में भी इसका उल्लेख किया है। आज जब पीछे मुड़कर देखता हूँ तो सोचता हूँ कि मुझ पर भी मेरी संगति का काफी असर पड़ा। उससे मैं जिद्दी तो बना, परंतु ऐसा हठी भी बना, जो मुझे जीवन में निरंतर आगे बढ़ने की प्रेरणा दे।

पहले के समय में गाँव में दशहरा और दीवाली के समय मेले लगते थे, खूब रौनक होती थी और सबसे प्रमुख आकर्षण होता था—रामलीला। जो लोग नहीं जानते, उनकी सूचना के लिए बता दूँ कि दशहरा रामजी के रावण पर विजय के उत्सव के रूप में मनाया जाता है और दीपावली उनके अयोध्या पुनरागमन का त्योहार है। दशहरे से पहले नवरात्रों में रामलीला के माध्यम से श्रीराम की कथा का व्याख्यान और मंचन होता है, नौ दिन में रावण-वध से इसकी समाप्ति होती है।

आज तो यह प्रचलन न के बराबर हो गया है, मगर उस समय बड़े प्रशिक्षित कलाकार आते थे रामलीला करने। वे सब अपने पात्र की भूमिका इस तरह से प्रदर्शित करते थे कि सभी के दिलों में बस जाते थे। हमारे घर के पास ही रामलीला हुआ करती थी तो बचपन से ही हम सब वहाँ जाया करते थे। रामलीला देखकर माँ थोड़ा पहले घर लौट आती थी और हम बच्चे अपने-अपने दोस्तों के साथ बैठकर कुछ और समय बिताते थे।

जब मैं चौथी या पाँचवीं कक्षा में था, तब गाँव के जो कुछ लड़के रामलीला देखने आते और उसके बाद इकट्‌ठा बैठकर तंबाकू खाया करते थे। मैं भी उनके पास बैठ जाया करता था। हलकी सर्दी का मौसम था तो जल्दी नींद भी आने लग जाती थी। मैं देखता था कि वे सब लड़के तंबाकू खाते थे और सोते नहीं थे। एक दिन उन्होंने मुझे भी तंबाकू दिया। मुझे असल में नहीं पता था कि वह है क्या तो मैंने सहज भाव से खा लिया। फिर उसकी आदत पड़ गई तो रोज तंबाकू खाने लगा। फिर धीरे-धीरे बीड़ी पीने की आदत लगी और फिर शराब की।

जब मैं छठी कक्षा में पढ़ रहा था तो होलीवाले दिन उन्हीं दोस्तों के साथ शराब भी पी ली। इतना नशा हुआ कि मुझे कुछ होश नहीं रहा कि मैं कहाँ हूँ। पड़ोसी के यहाँ पड़ा रहा काफी देर तक, फिर दोपहर बाद घरवाले मुझे वहाँ से उठाकर घर ले गए। बाद में पता चला था कि मेरी हालत देखकर पहले मुझे छाछ पिलाई, ठंडा पानी सिर पर डाला, आम का अचार खिलाया और बाकी सब तरीके भी आजमाए थे, जो नशा उतारने के लिए घरों में आमतौर पर जाने जाते हैं।

कब सुबह हुई, पता नहीं चला। जब उठा तो मुझसे पूछा गया कि शराब कैसे पी? मैंने बताया कि आधी बोतल थी तो पहले शराब पी, फिर नल से पानी पी लिया। माँ ने पूछा कि शराब मेरे पास आई कहाँ से? मैंने बताया कि सभी दोस्तों ने बीस-बीस रुपए इकट्‌ठे किए थे और वही लाए थे।

पिताजी ने सबके नाम पूछे और उनको घर लेकर आए। पिताजी और भाई ने सबकी खूब पिटाई की और खरी-खोटी सुनाई। उसके बाद मैंने उन लड़कों के साथ उठना-बैठना कम कर दिया और दूसरी तरफ ध्यान लगाने लगा। आनेवाले सालों में सिर्फ होली के दिन मैं भाँग पीता था, क्योंकि वह तो गाँव में एक प्रथा थी और सभी पीते थे। जब सबने देखा कि यह बुरी आदत तो नहीं दिख रही, उन्होंने इस पर और गौर करना बंद कर दिया।

मेरे पिताजी भी कभी-कभी शराब पीते थे, वह भी ज्यादातर कड़ी सर्दियों के दिनों में। भूतपूर्व सैनिक थे तो कैंटीन से अपने लिए शराब की बोतलें लाया करते। रात को जब अपने दोस्तों के साथ या अकेले में बैठते थे तो मुझसे कहते, "दो पैग डालकर ले आ!" मैं जब उनके लिए लाता तो एक पैग खुद पहले पी लेता था, ताकि उन्हें पता न चले, उतना ही गिलास में पानी डाल देता था। मैंने देखा था कि पिताजी अपने पैग गिना करते थे और बोतल को देखा करते थे। इसी कारण अगर मैं पानी डालकर रख देता था तो उनको पता नहीं चलता था।

ऐसा करते-करते समय बीतता रहा। कुछ महीनों बाद की बात है, मैं छत पर सो रहा था। गरमियों के दिन थे और कुछ दिन पहले मेरे ताऊजी[4] के बेटे की शादी हुई थी। पिताजी किसी रिश्तेदारी में गए हुए थे तो घर पर हम भाई और माँ थी। बड़ा भाई और माँ जल्दी उठ जाते थे काम सँभालने और मैं थोड़ा बाद में नीचे जाता था। असली कारण यह था कि मुझे बीड़ी पीनी होती थी। उस दिन जब मैं बीड़ी पी रहा था तो छत पर भाई आ गया। जब वह जीने की सीढ़ियों से चल रहा था, तो मैंने कदमों की आवाज सुनकर बीड़ी तो बुझा दी, लेकिन धुएँ को कैसे भगाता!

भाई को धुएँ की महक से पता चल गया कि यहाँ किसी ने बीड़ी पी है। गुस्से में मुझसे पूछने लगा, "तूने बीड़ी पी है?"

---

4. *पिता का बड़ा भाई।*

मैंने सीधे-सीधे मना कर दिया, पर वह कहाँ माननेवाला था। उसने मेरा मुँह सूँघा तो बीड़ी की महक आ गई। फिर मुझे गुस्से से देखते हुए बिस्तर की तलाशी ली तो बीड़ी का बंडल भी मिल गया। उसने उसे उठाया और एक झटके में तोड़ दिया। कुछ भी कहने से पहले बहुत पिटाई की मेरी। फिर तुरंत नीचे जाकर माँ को बताया तो वे भी नाराज हो गईं। लड़कपन के वर्ष थे और मुझे समझ नहीं थी कि इतनी छोटी बात पर सब मुझे दोषी क्यों बना रहे हैं, तो मुझे भी सबसे नफरत सी हो गई।

मैं गुस्से में पूरे दिन चारपाई पर लेटा रहा। माँ दो बार खाने के लिए बुलाने आई, एक बार तो खाना लेकर भी आई, मगर मैंने मना कर दिया। उस वक्त अकड़कर बोल दिया, "बीड़ी पिलाओगे तो खाना खाऊँगा, वरना नहीं खाऊँगा।" अब सोचता हूँ तो लगता है, कितनी अजीब जिद थी, परंतु बच्चों को कहाँ ऐसा लगता है। उनके लिए तो यह सब बातें सबसे बड़े मसले होते हैं।

खैर, पूरा दिन और पूरी रात निकल गई, मैं बिस्तर पर ऐसे ही पड़ा रहा। मम्मी ने पड़ोसियों को भी बता दिया कि हमारा लड़का खाना नहीं खा रहा। बस बिस्तर पर पड़ा है।

अगले दिन कुछ पड़ोसी भी आए मुझे मनाने और खाना खिलाने। मैंने सभी को अपना वही जवाब दिया, "पहले बीड़ी पिलाओ, फिर खाना खाऊँगा।"

अब वे सब बड़े थे और कोई बीड़ी देनेवाला तो था नहीं, सो मैं भी खाना नहीं खाता था। ऐसा करते चार-पाँच दिन बीत गए। पाँचवें दिन की शाम को पिताजी घर लौटे। मम्मी और भाई ने मेरी करतूत के बारे में उन्हें विस्तार से बताया तो वे छत पर आए। बिना चेहरे पर एक भी शिकन के पूछने लगे, "तू क्या चाहता है ?"

मैंने भी बड़े भोले अंदाज में अपने भाई की तरफ इशारा करते हुए उनसे कहा, "इसने मेरी बीड़ी का बंडल तोड़ा है। मुझे बीड़ी चाहिए।"

इतना सुनते ही पिताजी ने आव देखा, न ताव और डंडे से मुझे पीटना शुरू कर दिया। बस इसी की देर थी, फिर भाई और ताऊजी के बड़े बेटे ने भी मुझे मारना शुरू किया। तीनों मुझे ऐसे पीट रहे थे, जैसे कोई चोर पकड़ लिया हो, जिसकी धुनाई चल रही हो। मैंने मन में सोचा कि ऐसे ही चलता रहा तो मैं मर ही जाऊँगा। पिटते हुए सोचने लगा, इनसे कैसे बचा जाए? मन में विचार आया कि यहाँ से भागूँ!

अपने शरीर की ताकत को इकट्ठा करके, उनको धक्का देकर झट से नीचे भागा और भागता ही चला गया। खेतों की तरफ भागकर दो किलोमीटर दूर ऊपरी गंग नहर की दिशा में दौड़ता रहा। मेरे पीछे दोनों भाई शोर मचाते हुए दौड़ रहे थे। खेतों में गेहूँ की कटाई चल रही थी तो भाई उनको भी मुझे पकड़ने के लिए कहता जा रहा था, "इसको पकड़ो, पकड़ो!"

चार-पाँच दिन बिना अन्न-पानी के भी मेरे शरीर में न जाने कहाँ से इतनी शक्ति आ गई थी! मैंने पीछे मुड़कर देखा, सैकड़ों लोग पीछे दौड़ने लगे। सबको लग रहा था कि यह नहर में न कूद पड़े। मैं क्यों नहर में कूदता? मुझे तो तैरना ही नहीं आता था। मैं नहर पर पहुँचा तो सभी और तेजी से मुझे पकड़ने के लिए दौड़े, लेकिन मैं फिर नहर के किनारे-किनारे दौड़ने लगा। तीन-चार किलोमीटर तक दौड़ता रहा, फिर पेट में इतना भयानक दर्द हुआ कि दौड़ना दुश्वार हो गया।

नदी किनारे पर एक आम का बगीचा था, उसमें लेट गया और फिर पकड़ा गया। दोनों भाइयों ने मुझे फिर पीटना शुरू कर दिया। पीटते-पीटते घर लाए और मैं फिर अपनी चारपाई पर पड़ा रहा, मगर खाना नहीं खाया।

फिर दो दिन बाद पिताजी के दोस्त, जो उत्तर प्रदेश पुलिस में थे, वे घर

आए। पिताजी ने मेरे बारे में उनको बताया तो वे मुझे अपने घर ले गए और खाना खाने के लिए कहने लगे। मैंने उनसे कहा, "खाना तो हमारे घर पर भी है, पर मुझे पहले बीड़ी पीनी है।"

उस दिन तक सात रोज हो चुके थे और मेरी हालत बिगड़ती जा रही थी। उन्होंने यह सब देखते हुए कहा, "ले, पी ले!"

मैंने चुपचाप बैठकर बीड़ी पी और अपने घर आ गया। खाना उनके घर नहीं खाया, बस बीड़ी पीकर आ गया। जिद जो पूरी करनी थी।

अगले दिन सुबह पाँच बजे उठकर गोबर के ढेर को बुग्गी में भरकर खेतों की तरफ ले गया। घर के किसी सदस्य से कुछ नहीं बोला, न वे मुझसे बोल रहे थे। मेरे हिसाब से मेरी बेइज्जती हुई थी, काफी जग-हँसाई भी हुई थी तो मुझे अहसास था कि काम करके ही उस बेइज्जती को धोया जा सकता है। उस दिन सुबह सात बजे तक तीन बुग्गी गोबर को खेत में डाल आया था।

पिताजी ने माँ से कहा, "सुबह से काम में लगा है, उसको खाना दे देना।" माँ खाना लेकर आईं और मुझे खाने को कहने लगीं।

मैंने भी बड़े ताव से कहा, "काम कर रहा हूँ तो खाना तो खा ही लूँगा।"

बिना किसी की मदद के पंद्रह बुग्गी गोबर की खाद को खेत में डाल आया और खाना भी शुरू कर दिया। बीड़ी तो कभी-कभी छुप-छुपकर पीता रहता था, लेकिन काम पहले से भी ज्यादा करने लगा। मैंने देखा कि जो लोग मेरी बुराई करते थे, वही लोग मेरी बढ़ाई करने लगे। तब मैं समझ गया कि काम इनसान के भाव या भावनाओं को बदलने की क्षमता रखता है।

अपने अहंकार में डूबा एक व्यक्ति न तो अपनी कमियाँ देख पाता है, न ही दूसरों की अच्छाई।

□

जिद्दीपन भी सहनशक्ति को बढ़ाता है

कई बार जिद्दीपन बच्चों के अंदर सहनशक्ति को बढ़ा भी देता है। उनके अंदर एक प्रेरणा को जगा देता है, जो उसे किसी भी हालत में काम करने के लिए प्रेरित कर देती है और असंभव काम को संभव बना देती है। शायद यही जिद्दीपन था, जिसने मुझे आज तक अपने पथ पर दृढ़ रखा है।

मैं बचपन से ही काफी जिद्दी था और जिस चीज के लिए जिद कर लेता, उसको करके या पाकर ही दम लेता। जैसे मैंने पहले आपको बीड़ी पीने के विषय में बताया, अब फिर एक जिद्दीपन का वाकया बताता हूँ।

एक दिन बड़े भाई ने मुझे किसी बात पर मारा तो मैं गुस्सा होकर घर से निकल गया। पूरा दिन अपने गन्ने के खेत पर रहा। घर पर मेरी तलाश होने लगी, क्योंकि किसी ने मुझे घंटों से देखा नहीं था। शाम को उन सबको पता चला कि किसी ने मुझे खेड़ेवाले गन्ने के खेत पर देखा था। पिताजी और मेरा बड़ा भाई मुझे ढूँढ़ने के लिए खेत पर आए। मैं पेड़ पर बैठा था और उन्हें आता देखकर गन्ने के खेत में छुपकर बैठ गया।

वे खूब आवाज लगाते रहे, लेकिन मैं नहीं बोला। जब वे वहाँ से चलने लगे तो मुझे लगा कि उनको यह खबर देनी चाहिए कि मैं यहीं मौजूद हूँ, तो मैंने पेड़ पर चढ़कर देखा कि वे जा रहे हैं।

मैं पेड़ से नीचे उतरा और आसपास देखा। वहीं आम के कई पेड़ थे तो धीरे से मैं आगे गया और आम के एक पेड़ में डंडा मारा। उसकी आवाज से उनको पता चल गया कि कोई तो है। आखिर रात हो चुकी थी, जंगली जानवरों का खतरा था। इसलिए मैंने पेड़ पर बैठकर रात बिताने की योजना बना रखी थी।

उनको जैसे ही डंडे की आवाज सुनाई दी, भाई मुझे पकड़ने के लिए दौड़ा। मैं फिर भागकर गन्ने के खेत में छुपकर बैठ गया। इतने बड़े गन्ने के खेत में मुझे ढूँढ़ना उनके लिए संभव नहीं था। बहुत देर तक वे आवाज लगाते रहे, लेकिन मैंने कोई जवाब नहीं दिया। अब उनको यह तो पता चल गया था कि मैं यहीं पर हूँ। पिताजी कभी गाली देते, कभी प्यार से बुलाते। भाई जोर-जोर से आवाज देता रहा, लेकिन मेरी तरफ से उन्हें कोई जवाब नहीं मिला।

रात के दस बजे चुके थे। सर्दी का मौसम था। भाई घर जाने को तैयार हुआ तो पिताजी ने उससे कहा, "तू जा, मेरे कपड़े और रोटी लेकर आ जाना।"

उसके जाने के बाद मैं गन्ने के खेत से बाहर निकला। मुझे मालूम था कि पिताजी बीमारी के कारण दौड़ तो सकते नहीं हैं तो मैंने कहा कि आप भी घर जाओ। उन्होंने मुझे भी साथ चलने को कहा, परंतु मैंने जवाब दिया, "भाई ने मुझे बिना बात के पीटा है। जब तक मैं भी उसको पीट नहीं लेता, मैं नहीं जाऊँगा।"

मेरी बात सुनकर वे बोले, "तू घर चल, वहीं पीट लेना!"

उनकी यह बात सुनकर मुझे न जाने क्यों विश्वास हो गया कि घर जाकर

मुझसे कहेंगे कि तू भी उसको पीट ले, लेकिन ऐसा नहीं हुआ। क्योंकि जब मैं उनके साथ घर पहुँचा तो पिताजी के तेवर ही बदल गए। उन्होंने भाई से मुझे और पीटने को कहा। मैं खड़ा-खड़ा पिटता रहा, कुछ नहीं कहा। मैं जानता था कि मेरी गलती थी और मैंने अपने से बड़ों पर कभी पलटकर वार नहीं किया था।

यह शिक्षा देने के बाद उन्होंने मुझे खाना खाने के लिए कहा। अब कोई बच्चा इतना पिटने के बाद खाना खा पाएगा क्या? मैंने भी नहीं खाया और भूखा ही सो गया।

सुबह अपनी गलती का अहसास हुआ और फिर काम में लग गया। मैं जानता था कि शब्दों से माफी माँगने से कहीं बेहतर था, सबके काम में उनकी मदद करके उनका बोझ हलका करना। मेरे साथ हर ऐसी घटना होने के बाद पता नहीं काम करने की कौन सी शक्ति जाती थी कि मैं अपने काम को और जोश तथा बिना थके करता रहता था।

शायद जीवन की छोटी-छोटी घटनाएँ इनसान को मजबूती प्रदान करती हैं और उसकी सहनशक्ति को बढ़ा देती हैं।

> ***यदि आप प्रेम करना चाहते हैं, तो अपने परिवार, स्वयं से और अपने देश से प्रेम कीजिए। कोई दोस्त या प्रेमी भले ही आपके साथ विश्वासघात कर दे, लेकिन आपका परिवार और आपका देश ऐसा कभी नहीं करेगा।***

□

मजबूरी का फायदा

दोस्तो, यह समाज जहाँ हमें सम्मान देता है, ऊपर उठने का मौका देता है, वहीं इस समाज में कुछ लोग ऐसे भी होते हैं, जो कमजोर, बेबस लोगों की मजबूरी का पूरा फायदा उठाते हैं। अपने फायदे के लिए नोच डालते हैं लोगों को। वे उनका सबकुछ लूट लेना चाहते हैं। ऐसे लोगों से बचना बहुत जरूरी है, परंतु सबसे पहले उनकी पहचान करना भी सीखना होगा। मैं अपने जीवन में कितने ही लोगों से मिला हूँ और मेरे पिता तथा भाई ने मुझे यह पहचान करने का ज्ञान भी दिया है।

मुझे याद है, एक बार हमारे कच्चे घर का एक बंबू टूट गया। हम दोनों भाई छोटे थे तो माँ ने आसपास के लोगों को मरम्मत का सामान खरीदने के लिए पैसे देकर भेजा। उसने पाँच

सौ की चीज को आठ सौ रुपए में लाकर दिया।

फिर सिंचाई करनेवाले पंप सेट का इंजन खराब हुआ, तो उसको ठीक करवाने के लिए किसी को भेजा। वह हजार रुपए में ठीक हुआ तो उसने माँ को डेढ़ हजार का खर्च बताया। हम परिवार के लोग जानते थे कि एक-एक रुपए को कितनी मेहनत से कमाते थे।

पिताजी की बीमारी में काफी खर्च हो जाता था तो घर में अकसर पैसों की तंगी रहती थी। ऐसे अनुभवों के बाद हमें अहसास हुआ कि कुछ लोग हमारे बचे-कुचे पैसों को भी हमसे छीनने पर उतारू थे। ऐसे हालात में भी कोई तरस नहीं खाता, लेकिन यह जानते हुए भी हम कुछ नहीं कर पाए। करते भी क्या? मजबूर थे हम! दूसरों से काम कराने के लिए जितना हमसे हो सकता था, करते थे। जो हमसे होने लायक नहीं था, उसकी मदद दूसरों से लेनी पड़ती थी और दूसरे उस मदद का खूब लाभ उठाते।

हमें उनकी उन गुस्ताखियों का तब पता चला, जब हम खुद वे सब काम करने जाने लगे। हाँ, अब इतना सुकून था कि हम आत्मनिर्भर हो चुके थे।

साथियो! आत्मनिर्भर होना बहुत जरूरी है। आप समझते हैं, जब आपको किसी चीज की आवश्यकता होती है, वह आपको लेनी ही लेनी है। तो इस समाज के लोगों ने कभी-न-कभी इस बात का फायदा भी उठाया होगा। लेकिन मजबूरी का फायदा उठानेवाला इनसान कभी जीवन में सुख-समृद्धि प्राप्त नहीं कर सकता।

वैसे मैं भगवान् से प्रार्थना करता हूँ कि संसार, देश और समाज के लोग सुख-समृद्धि से रहें, लेकिन समाज के उन लोगों को देख रहा हूँ, जो अपने जीवन में कोई सुख-समृद्धि प्राप्त न कर सके। आज वे लोग समाज के निचले पायदान पर आ गए हैं।

मेरा इस बात को कहने का यह मतलब नहीं कि हमें जीवन की शुरुआत

से हर काम को सीखकर आत्मनिर्भर बनने की राह पर चलना चाहिए। चाहे आर्थिक रूप से, चाहे घर-मकान, खेती-बाड़ी, बिजनेस-नौकरी की तरफ से—यह देश तभी सफल, समृद्ध होगा, जब हर परिवार के बच्चे आत्मनिर्भर बनने की राह पर चल पड़ेंगे।

बच्चे वक्त की एहमियत को समझ नहीं पाते। उन्हें लगता है कि बहुत उम्र पड़ी है, कर लेंगे, परंतु वे जीवन में कुछ नहीं कर पाते। दूसरी तरफ, जो मन में लगन से, मन में किसी चीज को पाने की चाह बना लेते हैं, वे अपने जीवन में बहुत बुलंदियों पर पहुँच जाते हैं।

माता-पिता के कंधे पर बैठकर कोई कब तक चल सकता है? कभी-न-कभी तो कंधे हटेंगे! फिर अपने पैरों पर ही चलना पड़ेगा। और जो जीवन की तपन पर शुरुआत से नहीं चले हैं, उनके पैरों में छाले पड़ जाते हैं।

जिन्होंने माँ-बाप को सिर्फ एक पेड़ की छाया समझा, जहाँ शीतलता मिलती है और जो जीवन की तपन सहकर आगे चले हैं, वे न कभी रुके हैं और न रुक सकते हैं। दृढ़ निश्चय लेकर चलने से और परस्पर बोझ बाँटने के कारण उनके पैर जीवन की तपन को सहन करने के लिए पहले से ही तैयार जो होते हैं।

घड़ी की टिक-टिक तरक्की और बदलाव की निशानी है। हर गुजरने वाले सेकेंड के साथ हम और विकसित हो जाते हैं।

□

भाग-2

एक नागरिक से सैनिक तक

सैनिक का सफर

जीवन में जब पीछे मुड़कर देखता हूँ तो लगता है कि लड़कपन के दिन तब कितने मुश्किल लगते थे। अब लगता है, उससे आसान वक्त जीवन में दोबारा नहीं आया। मैंने अपने बाल्यकाल में बहुत-कुछ सीखा और उस सब को साथ लेकर चला, जब फौज में पेशी का समय आया तो।

मेरे परिवार और दोस्तों में सभी जानते थे कि मैं फौज में भर्ती को लेकर काफी उत्सुक हूँ। वह मेरे लिए बचपन का एक सपना था और मेरे सैनिक बनने का सफर बड़ा यादगार है।

मेरे ताऊजी और उनका बेटा, जोकि रिश्ते में मेरा भतीजा था, पर मेरे साथ ही पढ़ता था, 27 दिसंबर, 1946 को मुझे मेरठ भर्ती दफ्तर में छोड़ने के लिए गए। दोपहर का समय था, जब हम भर्ती दफ्तर में पहुँचे, वहाँ हमारा पूरा डॉक्यूमेंटेशन हुआ, सब कागजातों की जाँच की गई। और भी लोग वहाँ आए हुए थे, और आनेवालों का हुजूम देखकर मैं बहुत उत्साहित था।

जब ये सब औपचारिकताएँ पूरी हुईं तो कर्नल आर.के. सिंह ने हमें

संबोधित किया। उन्होंने हमें अपने शब्दों से ही यह समझा दिया था कि यहाँ से आगे का रास्ता साहसिक और कठिन होनेवाला है। हमें बताया गया कि हम सबको आगे की प्रक्रिया के लिए शाम की ट्रेन से दिल्ली के लिए रवाना होना होगा। लगभग 4:30 बजे हम सबको फौजी गाड़ी में बैठा दिया गया। घरवालों को बता दिया गया था कि यहाँ से अब हम फौज के हवाले हैं और वे घर लौट सकते हैं।

मेरे ताऊजी और मेरा भाई बाहर खड़े यह सब देखते रहे। जब गाड़ी गेट से बाहर निकली तो मैंने उनसे कहा, "आप घर के लिए निकल जाओ, जल्दी ही मिलते हैं।"

पर वे लोग घर नहीं गए, बल्कि रेलवे स्टेशन पहुँचे। जब जाने का समय हुआ तो मेरा भतीजा बहुत रोया। कक्षा दसवीं से बारहवीं तक हम दोनों साथ खेलते, पढ़ते-लिखते, शरारत करते। वह मेरा भतीजा कम, दोस्त ज्यादा था। मैंने फिर वही किया, जो मेरे भाई ने फौज में जाने के समय किया था। मैंने उसको समझाया, "अरे भाई, रोना नहीं! अच्छा, मेरी मम्मी का ध्यान रखना। कोई परेशानी हो तो सँभाल लेना, छोटा भाई अभी नादान है।"

मुझे ऐसा लगा कि शायद वह ज्यादा इसलिए भी रो रहा था कि वह अब घर में बड़े बच्चों में अकेला रह गया था। खैर, किसी तरह उनको समझा-बुझाकर वापस भेज दिया। हमारी ट्रेन भी आ गई और हमने अपना-अपना सामान ट्रेन में रखना शुरू कर दिया। हम इक्कीस लड़के थे, जिन्हें ग्रेनेडियर्स रेजिमेंट सेंटर जाना था।

इस ट्रेन में बैठ मैं उन इक्कीस लड़कों के साथ अपने सैनिक जीवन के सफर पर निकल पड़ा। जब सब सामान ट्रेन में चढ़ा लिया और सब अपनी सीट पर बैठ गए तो हम एक-दूसरे का नाम, गाँव, जिला पूछने लगे, क्योंकि

अभी तक सभी एक-दूसरे से अनजान थे। दिल्ली पहुँचते-पहुँचते हम एक-दूसरे के बारे में थोड़ा बहुत तो जान ही गए थे। धीरे-धीरे दोस्ती का हाथ भी बढ़ाने लगे थे।

दिल्ली से हमें दूसरी ट्रेन पकड़कर जबलपुर जाना था। नई दिल्ली स्टेशन पर जब ट्रेन का इंतजार करने लगे तो मालूम हुआ कि वह ट्रेन निजामुद्दीन स्टेशन से मिलती है। फिर क्या था, सभी ने अपना सामान उठाया और नई दिल्ली से लोकल ट्रेन पकड़कर हजरत निजामुद्दीन स्टेशन पहुँचे। अब तक रात के 10 बज चुके थे।

पूछताछ करने पर पता लगा कि ट्रेन अगले दिन ढाई बजे की है। तब ऐसा पहली बार हुआ कि सर्दी की रात स्टेशन पर गुजारनी पड़ी। जैसे-तैसे रात कटी और सुबह हुई। स्टेशन पर इतनी हलचल थी कि समय का तो पता ही नहीं चला। यों ही आते-जाते लोगों को देखते हुए दिन भी आधा बीत गया।

जब एनाउंसमेंट हुई कि जबलपुर जानेवाली ट्रेन प्लेटफॉर्म पर आ चुकी है तो हम सभी तैयारी करने लगे। अपना-अपना सामान लेकर हम जनरल डिब्बे में चढ़ गए और फिर दिल्ली से जबलपुर का सफर हँसते-गाते तय किया। आखिरकार अगली सुबह जबलपुर स्टेशन पहुँचे। यह सफर तो खत्म हुआ, परंतु वहीं से एक नया सफर शुरू होनेवाला था। मेरा सफर—भारतीय फौज के साथ।

जब हम स्टेशन से बाहर निकले तो देखा, वहाँ पहले से ही हमारे लिए एक आर्मी बस खड़ी हुई थी। एक हवलदार ने हमको देखा तो बोला, "ग्रेनेडियर्स में जानेवाले इस आर्मी बस में बैठ जाओ।"

हम सब अपना सामान लेकर उस आर्मी बस में बैठने लगे। फिर उस हवलदार ने पूछा, "मेरठ से आए हो?"

हमने एक आवाज में कहा, "हाँ जी, सर!"

मेरठ से चलते समय हमारा एक कमांडर नियुक्त कर दिया गया था। उसी के पास हमारे भर्ती के सारे कागजात थे। ज्यादातर वही सब पूछताछ और बात करता था, क्योंकि हम सब सामान लेकर इधर-उधर नहीं जा सकते थे। हमारे उस कमांडर से वह हवलदार बात करता रहा और जब हर तरफ से हमें अनुमति मिल गई, बस चल पड़ी ग्रेनेडियर्स सेंटर के लिए।

रेलवे स्टेशन से कुछ तीन या चार किलोमीटर की दूरी पर ही ग्रेनेडियर्स सेंटर था तो कुछ ही समय के बाद हम ग्रेनेडियर्स सेंटर के अंदर पहुँच चुके थे। हमारी बस सूबेदार एडजूडेंट ऑफिसर के पास जाकर रुकी थी।

वहाँ हमसे अपने सामान के साथ एक लाइन में खड़े हो जाने के लिए कहा गया। हम सब सामान लेकर एक लाइन में खड़े हो गए। तभी एक सूबेदार साहब और एक हवलदार आए, जिसकी बाजू पर RP लिखा पट्टा या बिल्ला बँधा हुआ था।

हमें बाद में पता चला कि वे रेजिमेंटल पुलिस कंपनी हवलदार मेजर और सूबेदार साहब सेंटर के सूबेदार एडजूडेंट थे। उन्होंने तुरंत कहा, "मेरठवाले आए हैं तो 315 या 312 बोर के देसी कट्टे जरूर लाए होंगे।"

शायद वे माहौल को थोड़ा नॉर्मल करना चाहते थे। हमने कहा, "नहीं साहब!"

वे मुसकराने लगे, यह देखकर कि हम उनकी बात समझ गए हैं कि वे मजाक कर रहे थे, तो मैंने साहस करके कहा, "साहब, मेरठ जिला पूरे भारत में अपनी बहादुरी और लड़ने-मरनेवाले जाँबाजों के लिए मशहूर है।"

इस छोटी सी बातचीत के बाद हमारे सामान की जाँच की गई। हम सबने अपना सामान उठाया और एक पंक्ति में खड़े हो गए। हमसे उस हवलदार के साथ जाकर नाश्ता करके आने के लिए कहा गया।

नाश्ता करके आने पर हमें अपने सामान के साथ पंक्ति में बैठा दिया

गया। हमारे डॉक्यूमेंट्स की चेकिंग होते-होते दोपहर हो गई थी। सब औपचारिकताएँ पूरी होने पर हमें अलग-अलग ट्रेनिंग कंपनियों में भेज दिया गया। अंत में हम सात लड़के दो ट्रेनिंग कंपनियों में पहुँचे।

शांत झील में एक पत्थर फेंकते ही एक लहर चल पड़ती है। इसी प्रकार, जब हमारे मन को कोई उद्‌देश्य मिल जाता है, तो वह उसे प्राप्त करने की दिशा में चल पड़ता है।

□

रेजिमेंट सेंटर का पहला दिन

जब से फौज में मेरी भर्ती हुई थी, मैं रेजिमेंट सेंटर जाने को लेकर बेहद उत्साहित था। आखिरकार 29 दिसंबर को हम ग्रेनेडियर्स सेंटर पहुँचे। ग्रेनेडियर्स रेजिमेंट सेंटर तक पहुँचने का सफर काफी लंबा था। न केवल ट्रेन में, बल्कि असल जिंदगी में। हम सभी लड़के अलग-अलग परिवारों से आए थे, परंतु मैं जानता था कि मेरे यहाँ आने का सपना मैंने कब से सँजोया था।

सेंटर पहुँचकर मैंने वहाँ अब्दुल हमीद की जीप खड़ी देखी। वे 4 ग्रेनेडियर्स से थे और उन्हें मरणोपरांत अपनी वीरता के लिए 'परमवीर चक्र' मिला था। मैंने वह जीप देख अपने मन में सोचा, 'क्या कभी कोई मेरे नाम को इतने गौरव के साथ कहेगा? क्या मेरा देश के लिए कुछ कर दिखाने का सपना पूरा होगा?'

अभी यही सब सोच रहा था अपनी कंपनी की तरफ जाते हुए कि मेरी नजर मेजर होशियार सिंह परेड ग्राउंड पर पड़ी। देखकर ऐसी अनुभूति हुई, जैसे मैंने किताब की पढ़ी और बड़ों से सुनी कहानियों को साक्षात् देख लिया

हो। अंततः उस रेजिमेंट की गौरवगाथाएँ पढ़ते-सुनते मैंने अपनी ट्रेनिंग की शुरुआत की।

~✤~

जो इक्कीस लड़के भर्ती होकर सेंटर आए थे, उनमें से 7 लड़के 2TC, यानी नंबर दो ट्रेनिंग कंपनी में भेजे गए। उनमें से एक मैं भी था। वहाँ हमें साउथ प्लाटून मिली। सब दस्तावेजों की जाँच हो चुकी थी, तो हमें अपने प्लाटून में भेज दिया गया था। दोपहर को खाना खाकर हम सो गए, क्योंकि सफर लंबा रहा था।

लगभग तीन बजे हमें चाय पीने को मिली। हमसे तैयार होकर बराबर की दुकान के सामने बैठने के लिए कहा गया।

"जाओ, अभी सबका हेयरकट होगा," उस्ताद बोल रहे थे। मुझे मालूम था, ऐसा होता है, पर इतनी जल्दी होगा, यह नहीं सोचा था। "अभी जिसको अपने बालों में हाथ फेरना है, फेर लीजिए, फिर पूरी सर्विस में आपको इतने बड़े बाल नसीब नहीं होंगे।"

यह बिल्कुल सच कहा था उस्ताद ने। आज पच्चीस साल हो गए। हमारे इतने बड़े बाल सिर पर कभी नहीं हुए।

उस दुकान के बाहर हम सब लाइन लगाकर बैठ गए। नाई एक-एक करके हमारी फौजी कटिंग करता जा रहा था। हम एक-दूसरे के सिर को देखकर खूब हँस रहे थे। अंत में जब सबके बाल एक से लगने लगे, हम सेंटर लौट आए।

~✤~

फौज के अनुशासन की शायद यह पहली कड़ी थी। शाम तक सभी की कटिंग हो चुकी थी। फिर हमको खाकी ड्रेस दी गई। जो बाकी सामान दिया

गया, उसमें थे दो ब्लेड, दो कंबल—एक बिछाने के लिए और एक ओढ़ने के लिए, मच्छरदानी, दरी और चाय पीने के लिए सफेद मग। अनुशासन का स्तर यह था कि मच्छरदानी की फोल्डिंग भी बताई गई थी कि किस तरह इसको रखा जाता है।

यह सब हो जाने के बाद हम रात का खाना खाने भोजनालय में गए। मेरे पास एक बड़ी कटोरी थी, जो माँ ने दी थी। उसमें घी डालकर ले गया था साथ खाना खाने। दाल-सब्जी, रोटी लेकर खाई और जैसे ही हम अपनी बैरक में पहुँचे, तभी एक विसिल बजी। उसका मतलब होता था—तमाम कंपनी के नौजवान एक निर्धारित स्थान पर एकत्र हो जाना। यह हमें पहले ही बता दिया गया था। हम सब उस विसिल की आवाज सुनकर निर्धारित स्थान पर खड़े होने लगे। कंपनी के सीनियर जे.सी.ओ. और कंपनी हवलदार मेजर ने कहा, "सभी भोजनालय में पहुँचो!"

भोजनालय एक बड़ा हॉल था, लेकिन ट्रेनिंग करनेवाले लड़कों की संख्या बहुत ज्यादा थी। कंपनी के अंदर सबको उस कमरे में ठूँस-ठूँसकर भर दिया गया। सभी खिड़की-दरवाजे बंद कर दिए गए। अचानक यह सब होने के कारण हमको खुद समझ नहीं आ रहा था कि हो क्या रहा है! कंपनी के सभी उस्ताद भी अंदर थे।

तभी एक जोर से आवाज आई, "उस्ताद, अपने डंडे लेकर आओ!"

तुरंत सभी उस्ताद अपनी-अपनी स्टिक लेकर आ गए। मैं घबरा गया था, क्योंकि पहले दिन के लिए यह काफी कुछ था समझने के लिए।

तब हमसे कहा गया, "लेट जाओ और इस हॉल में लेटे-लेटे चक्कर लगाओ।"

मैं इस तरह की बात को सुनकर हैरान था, मगर सोचने का समय नहीं था।

"सभी अपने मुँह से हॉल में पड़े रोटी के टुकड़ों को उठाएँगे।" उस्ताद ने इतने गुस्से में कहा कि सभी एक-दूसरे के ऊपर लेटने लगे। उस्ताद भी हमारी कमर पर अपनी स्टिक से वार करने लगे।

अब मेरी समझ में आया कि यह फौज की सामूहिक सजा है। गलती चाहे एक की क्यों न हो, लेकिन सजा सभी को मिलती है। हमें बाद में पता चला कि आज की सजा उन लड़कों की वजह से सभी लड़कों को मिल रही थी, जिनकी ट्रेनिंग पूरी होनेवाली थी। वे लोग कुछ ही दिनों में सिपाही बननेवाले थे। उन्होंने ही रोटी के टुकड़े तोड़-तोड़कर जमीन पर डाले हुए थे और वे टुकड़े दूसरे जवानों के पैरों के नीचे दब रहे थे।

उन सीनियर जे.सी.ओ. ने जब देखा कि अन्न का अनादर हो रहा है तो यह सजा देने का मन बनाया। उस वक्त सजा बहुत कठोर लग रही थी, पर जब कारण पता चला तो सोचा, बिल्कुल ठीक किया उन जे.सी.ओ. साहब ने। मैं उनका नाम तो नहीं जानता, लेकिन उन्हें हृदय से नमन करता हूँ।

इनसान रोटी के लिए जीवन भर इधर-उधर भटकता है, अपना घर-बार छोड़ता है—सिर्फ रोटी की खातिर। और मिल जाने के बाद उसे उसी रोटी में बुराई दिखने लग जाती है—कभी कच्ची, कभी जली कहकर उसको तोड़-तोड़कर फेंकने लगता है।

हमारे सीनियर्स ने उस रात यही किया था। सजा के तौर पर एक घंटे तक हमको उस हॉल में चलाया गया, फिर खड़ा होने के लिए कहा गया। सर्दी के उस महीने में भी हम पसीने में तर थे।

इतना सब होने के बाद साहब ने पूछा, "आज आए हुए लड़के भी हैं क्या इनमें?"

उस समय तो बहुत बुरा लगा कि एक घंटे से याद नहीं आया कि आज आए नए लड़के भी इसमें सजा काट रहे हैं! अब याद आया है, खड़ूस कहीं का!

लेकिन आज सोचता हूँ कि अच्छा ही हुआ कि उन्हें बाद में याद आया। हमको पहले दिन ही रोटी की कद्र करने की शिक्षा मिल गई थी, नहीं तो हम भी सीनियर बनकर वही गलती करते।

वह दिन और आज का दिन, मैंने रोटी और अन्न का अनादर कभी नहीं किया, न ही होने दिया।

कृतज्ञता की भावना को सबसे कम महत्त्व दिया जाता है। हमें जो मिला है, उसके लिए हम जितना आभार जताएँगे, सृष्टि से हमें उतना ही अधिक मिलने की संभावना बढ़ जाएगी।

□

समय का महत्त्व

ट्रेनिंग का पहला दिन मेरे अंतर्मन में एक खट्टी-मीठी याद की तरह बसा हुआ है। आज भी याद है कि कैसे उस पहले दिन को मैं हमेशा के लिए अपने मन-मस्तिष्क में बसाकर रखना चाहता था। शायद उसी के चलते मैं आज उस याद को इन शब्दों में उतनी ही स्पष्टता से प्रस्तुत कर पा रहा हूँ।

वह ट्रेनिंग का पहला दिन मुझे आज भी ऐसे याद है, मानो कल ही की बात हो। हम सुबह चार बजे उठे। कंबाइंड बाथरूम होने के कारण काफी भागा-दौड़ी मची हुई थी। कुछ तो शेविंग क्रीम लगाकर अपने बक्से पर शीशा रखकर शेव कर रहे थे। सब बड़े मजे से बातें करते-करते अपने-अपने काम में लगे हुए थे। मैंने देखा कि 4:30 हो चुके हैं। बाथरूम कम थे तो तैयार होने में समय तो लग ही रहा था।

हमें तैयार होते-होते 5:30 हो चुके थे। मुझे लगा कि शस्त्रागार से अभी हथियार भी निकालने हैं, क्योंकि सेकंड परेड में हथियारों के बारे में सिखाया जाना था। पहली परेड पी.टी. की थी।

जब तक हम शस्त्रागार पहुँचे, हम सबको काफी देर हो चुकी थी। वहाँ हवलदार ने सजा देनी शुरू कर दी थी। मैं जानता था, लेट तो हम हैं तो सजा लेने के बाद जब हथियार लेकर पी.टी. ग्राउंड में पहुँचे तो सभी पहले से एकत्र हो चुके थे। पहली परेड की रिपोर्ट सीनियर्स को भेजनी थी और हम सब देरी से पहुँचे थे। उस दिन पी.टी. के प्रशिक्षकों ने हमको इतनी सजा दी कि उसको शब्दों में बयाँ नहीं किया जा सकता।

फ्रंटल बकल लगा-लगाकर मैं टूट चुका था। इतना तक कि ऐसा लगा, जैसे अभी उलटी हो जाएगी। चक्कर भी आ रहे थे। उसके ऊपर फिजिकल प्रशिक्षक हाथों में रस्सी लिये हम पर प्रहार-पर-प्रहार करते रहे। लेकिन मैंने देखा कि मेरे साथ-साथ सभी उलटी-चक्कर के बावजूद उनकी सजा को झेलते रहे। चालीस मिनट तक यह सिलसिला चलता रहा। मेरे लिए एक-एक मिनट निकालना मुश्किल हो रहा था। सजा खाते-खाते सोचता रहा, कब समय हो, यह जल्लाद हमको छोड़े। उस समय ऐसा प्रतीत हो रहा था कि जैसे एक हिंदुस्तानी सैनिक पाकिस्तानियों की कैद में आ गया हो—इतनी बुरी तरह से हमें सजा दी जा रही थी।

फिजिकल प्रशिक्षक मारते-मारते बोले, "शेविंग क्रीम से शेव करो! आराम से जागो! यहाँ कोई मेहमान आए हो?"

हम उनके सामने कसम खा रहे थे कि कभी शेविंग क्रीम से शेव नहीं करेंगे, कभी लेट नहीं उठेंगे, कभी लेट नहीं पहुँचेंगे। बस यही कसम खाते चालीस मिनट पूरे हुए और परेड बदलने के लिए घंटी बज गई।

उन्होंने हमें जब अगली परेड के लिए छोड़ा, तो मेरा ऐसा हाल था कि जैसे ही खड़ा हुआ, लगा-चक्कर खाकर गिर जाऊँगा। मैं सोचने लगा कि बाकियों का भी यही हाल है क्या! इतने में हमें प्रशिक्षक की आवाज आई, "थोड़ी देर बैठे रहो। कुछ देर के बाद उठना।"

थोड़ी देर बाद उठकर अपने हथियार साथ लेकर ट्रेनिंग एरिया में पहुँचे। वहाँ हमारा प्लाटून हवलदार हमारी सुबह की लेट उठने की हरकत से गुस्से में तमतमा रहा था। गुस्से से लाल, जोर से बोला, "जल्दी ब्रेकफास्ट करो और आ जाओ!"

मैं समझ गया कि हर काम थोड़ा जल्दी करना होगा अब। हमारा ब्रेकफास्ट ट्रेनिंग एरिया में ही पहुँचा दिया गया था। जल्दी से पी.टी. ड्रेस को उतारा, दूसरी ड्रेस पहनी, जल्दी-जल्दी दो पूरियाँ खाईं, चाय पी और हथियार लेकर ट्रेनिंग के लिए उनके सामने खड़े हो गए।

यहाँ यह बताना जरूरी है कि मेरी नजर में प्लाटून हवलदार हमारी माँ के समान होता है। जैसे माँ कितना भी गुस्सा हो, लेकिन बच्चे की हालत ठीक न हो तो तुरंत गुस्से को त्यागकर अपने बच्चे को गले लगा लेती है। उस दिन जब प्लाटून हवलदार हमारे सामने आए तो हमारी हालत को देखकर मुसकराकर बोले, "ठीक हो?"

जहाँ मैं डर से काँप रहा था कि अभी फिर सजा मिलेगी, उनके उन शब्दों से मैंने और बाकियों ने राहत की साँस ली कि कम-से-कम यह तो हमें सजा नहीं देंगे।

फिर उन्होंने हमें समझाया। उनके शब्दों और हाव-भाव से मुझे अपने माता-पिता याद आ गए। जैसे वह मुझे भविष्य के बारे में शिक्षा देते हैं, प्लाटून हवलदार बताने लगे, "अब तुम सिविलियन नहीं हो, देश की सेना के सैनिक बनने की राह पर हो। एक सैनिक समय का पाबंद होता है। ट्रेनिंग के दौरान सजने-सँवरने में समय बरबाद मत करो। जल्दी उठो, तैयार हो, अपने एरिया को जल्दी साफ करो और ट्रेनिंग के लिए पहुँचो।" उनके यह कहते ही मैं मन में सोचने लगा कि कितना पहले उठना पड़ेगा रोज। तभी जैसे मेरा प्रश्न भाँप गए हों, वे बोले, "सिर्फ तीस मिनट पहले उठने से तुम्हारा हर काम समय पर पूरा हो जाएगा और तुम हर जगह समय पर पहुँच जाओगे।" मेरी

आँखों में आँखें डालकर बोले, "तो कोई सजा नहीं देगा।"

उस दिन से हमने जब तक ट्रेनिंग की, तब तक शेव बिना क्रीम के की। मैंने सुबह 3:30 बजे उठना शुरू कर दिया। आप सोचेंगे कि यह तो रात ही हुई और सही भी है। एक हफ्ता जरूर उठना मुश्किल लगा, लेकिन धीरे-धीरे ऐसा रुटीन बना कि अपने आप आँख खुलने लगी। यह ट्रेनिंग नौ महीने चली और पहले दिन के बाद मैं कभी लेट नहीं हुआ। ज्यादातर दिनों में तो मैं समय से पहले पहुँच जाता था।

ट्रेनिंग के पहले दिन हमने समय के महत्त्व को सीखा। आज उस सीख की गहराई को मैं अच्छे से महसूस कर रहा हूँ। समय बहुत ही महत्त्वपूर्ण संसाधन है। आज का समय कल नहीं मिलेगा। आज की साँसें कल नहीं मिलेंगी। आज का जीवन भी कल नहीं मिलेगा। इसलिए आज के समय को समझकर, सही समय पर अपना कार्य करना चाहिए।

> ***आज आप जो साँस ले रहे हैं, जीवन को जी रहे हैं, वह कल नहीं होगा। इस कारण ही व्यक्ति को समय के महत्त्व को समझकर उसका सदुपयोग करना चाहिए।***

□

सिविलियन से सैनिक बनने का सफर

ग्रेनेडियर्स रेजिमेंट सेंटर के प्रशिक्षक बड़े ही प्रभावशाली थे। मैं बेझिझक यह कह सकता हूँ कि हमारी नंबर 2 ट्रेनिंग कंपनी के प्रशिक्षक एक पिता और शिक्षक दोनों की भूमिका अदा करते थे। अब हमारा ट्रेनिंग का समय रुटीन में आ गया था। रोज सुबह चार बजे उठना, अपना रहने का स्थान साफ-सुथरा करना, पीने का पानी मटके में भरना और यह सब काम खत्म करके खुद तैयार होना उस प्रक्रिया का एक अटूट हिस्सा था।

ट्रेनिंग में जहाँ शारीरिक विकास पर ध्यान था, वहीं भावावेश को काबू करना और दूसरों के साथ परस्पर मिलकर चलना भी सिखाया जा रहा था। मुझे जानकर गर्व हुआ कि फौज में 'एक के लिए सब और सबके लिए एक' का काफी महत्त्व है। जैसा मैंने पहले बताया कि एक की गलती की सजा सब भुगतते थे और सब एक-दूसरे का खयाल भी रखते थे।

ट्रेनिंग की पहली सीख थी—सहयोग, सहभागिता, दृढ़ता और धैर्य को बनाए रखना। यही नहीं, एक-दूसरे के साथ कंधे-से-कंधा मिलाकर चलना भी बेहद जरूरी था।

मैंने सीखा कि अकेले कोई काम नहीं करना, न ही अकेले कहीं जाना। हमेशा जोड़े में ही रहना। मुझे यह भी लगता है कि जोड़े में रहते हुए इतना आपसी प्रेम और लगाव हो जाता है कि अपने साथियों के बिना जीना दुश्वार हो जाए। आपका वह साथी आपके परिवार का भी प्रिय बन जाता है। जब दोनों में इतनी गूढ़ परस्पर निर्भरता हो जाती है तो वे अपने जीवन की हर बात को आपस में शेयर करते हैं। घर की परेशानी हो या कोई सुख, सभी कुछ आपस में सहेजकर बाँट लेते हैं।

यही आत्मिक लगाव और अटूट प्रेम के संबंध एक सैनिक के दिलो-दिमाग में अपने साथी के प्रति सबकुछ न्योछावर करनेवाली भावनाओं को पैदा कर देते हैं। आपको शायद इसका महत्त्व न समझ आए, पर एक सैनिक के जीवन में यह जीने-मरने जितना जरूरी है। जब एक सैनिक को पता हो कि उसके साथी हर कदम पर उसके साथ हैं तो वह निडर होकर आगे बढ़ सकता है।

जैसाकि मैंने बताया—मेरी ट्रेनिंग नौ महीने तक चली। हर रोज दिन में हजार बार 'eoy रेजिमेंट साथी' जैसे संबोधनों से मन-मस्तिष्क में एक अमिट छवि बनती चली जाती है। रोज-रोज नाम लेने से यह छवि और भी गहरी हो जाती है। वह इतनी गहरी होती है कि वृद्धावस्था में यदि कोई मृत्युशैया पर हो और उस अवस्था में कोई उसकी रेजिमेंट या कंपनी या उसके साथी का नाम बोल दे तो वह इनसान उठकर बैठ जाता है।

यही सब भावनाएँ एक सिविलियन युवा को सैनिक के रूप में धीरे-धीरे तब्दील कर देती हैं। एक सिविलियन अपने साथी को पैसे की मदद तो कर सकता है, लेकिन अगर उसके लिए जान देने की स्थिति आ जाए तो शायद ही कोई हो। लेकिन एक सैनिक अपने साथी को बचाने के लिए, बिना संकोच

अपने प्राणों का बलिदान कर देता है।

यह सब हमारी ट्रेनिंग और वातावरण के द्वारा हममें पैदा किया गया। जैसी ट्रेनिंग और वातावरण मुझे मिलता चला गया, वैसे-वैसे ही मुझमें यह सब भाव- भावनाएँ बनती चली गईं। जैसी भाव-भावनाएँ बनती हैं, फिर वैसी ही सोच, व्यवहार, विचार और कार्यशैली भी बन जाती है। यदि आप सोचें तो मानेंगे कि कार्यशैली और व्यवहार ही इनसान को ऊपर उठाता है और आगे बढ़ना सिखाता है। एक सैनिक की कार्यशैली, निस्स्वार्थ भाव से कार्य और व्यवहार दूसरी संस्थाओं में काम करनेवाले कर्मचारियों से उसे अलग करता है।

एक सैनिक हिंदुस्तानी संस्कृति को अपने दिल में बसाकर रखता है। यह तो नकारा नहीं जा सकता कि एक सिविलियन सिर्फ अपने और अपने परिवार के बारे में सोचता है। परंतु सैनिक सबसे पहले देश, फिर अपने साथी और उस सबके बाद अपने और अपने परिवार के बारे में सोचता है। जब यह सोच सिविलियन में आ जाती है तो वह सिविलियन नहीं रहता। यह सोच अब मुझमें आ चुकी थी और मैं समझ गया था कि व्यवहार, विचार, कार्य और संस्कृति से मैं एक सैनिक बन चुका हूँ।

एक सैनिक जितना अपने विषय में नहीं सोचता, उससे कहीं अधिक चिंता उसे अपने देश और अपने देश के लोगों की रहती है। इस सोच ने मुझे एक नागरिक से सैनिक बना दिया।

□

ज्ञान से शक्ति और समझ

हमारी ट्रेनिंग जोरों पर चल रही थी और मुझे काफी नई चीजें सीखने को मिल रही थीं। हर रोज नई-नई तरह की ट्रेनिंग से मैं नया ज्ञान अर्जित कर रहा था। कई बार मन में कुछ डर भी उठते थे, मगर कुछ ही समय में उस डर का निवारण भी हो जाता था। अंदर-ही-अंदर हमारा आत्मविश्वास बढ़ रहा था और समझ भी।

सभी संस्थाएँ अपनी कार्यशैली के वातावरण के अनुरूप अपने कर्मचारियों में समझ पैदा करती ही हैं। ट्रेनिंग का असल मतलब ही यही है और हम तो देश की सेना के सैनिक बनने जा रहे थे। मैं जानता था, जितनी सख्त ट्रेनिंग, उतना ही जोश-जुनून बढ़ता था। एक उमंग पैदा होती कि वरदी को पहनने से पूर्व इस ट्रेनिंग की भट्ठी जितना तपाएगी, उतना ही हमारा शरीर इस वरदी के काबिल बनेगा।

मैं यह भी जानता था कि नौ महीनों की ट्रेनिंग से पहले वरदी नहीं मिलेगी। न केवल इसलिए कि मुझे उस वरदी के लायक बनना था, बल्कि

इसलिए भी कि हर नई चीज के होने का एक निश्चित समय होता है। मैं इंतजार करता था उस दिन का और सोचता कि अगर कुछ और सख्ती भी है तो कर लें, ताकि मैं जल्दी वरदीधारी बनूँ।

इस प्रकार मैं रोज की ट्रेनिंग और दिए जानेवाले काम को और शक्ति, समझ से करता तथा हर नई चुनौती के लिए तैयार रहता। कब महीने बीत गए, पता ही नहीं चला।

~✤~

पाँच महीने बाद अट्ठाईस दिन की छुट्टी मिली, मगर जाने से पहले कुछ टेस्ट होने थे। अब ट्रेनिंग इतने काबिल लोगों से मिली थी तो सभी टेस्ट आसानी से पास कर लिये।

आखिरकार वह दिन भी आया, जिस दिन हमें छुट्टी जाना था। मैंने सुबह से ही तैयारी शुरू कर दी। दोपहर तीन बजे दिल्ली के लिए ट्रेन थी और दो बजे सेना की गाड़ी हमें स्टेशन ले जाने के लिए तैयार थी।

स्टेशन ले जाने से पहले हमको इकट्ठा किया गया और पूछा गया, "खाना खा लिया है? शाम का रख लिया है कि नहीं? पानी की बोतल साथ है?" अब आप समझे होंगे कि मैंने प्लाटून हवलदार की तुलना माँ से क्यों की थी! फिर हमें यात्रा की हिदायतें दी गईं—किसी पर विश्वास करके कुछ न खाना, न पीना और बाकी बड़ी-छोटी बातें।

इसके बाद एक उस्ताद हमें ट्रेन में बैठाने के लिए स्टेशन तक आए और हमको ट्रेन में बैठाकर लौट गए। मैं अब थोड़ा रिलेक्स फील कर रहा था और जानता था कि बाकियों के मन का भी यही हाल है। सभी दोस्त अपने-अपने गाँव के दोस्तों के किस्से सुनाने लगे, हँसते हुए, मजाक करते हुए और इसी हँसी के साथ हमने वह यात्रा शुरू की।

उस वक्त मैंने एक बात पर गौर किया। हमारे पहले के मजाक में और अब की बातों में काफी अंतर था। अब महीनों के बदलाव के बाद हम सब ज्यादा समझदार से लग रहे थे। जब हम ट्रेनिंग के लिए आ रहे थे तो बड़े ही ऊटपटाँग मजाक करते हुए आए थे, लेकिन अब बड़े सधे हुए शब्दों और शालीनता के साथ खूब खुलकर हँसी-मजाक करते हुए वह सफर हमने तय किया।

यह सब उस संस्कार, माहौल और ट्रेनिंग का नतीजा था, जिसने मुझे यह नई शिक्षा दी थी, जिसने मुझमें जोश जगाने के साथ-साथ संयम रखने की सीख भी दी थी। मैं बेझिझक कह सकता हूँ कि यह सब उसी का परिणाम था।

छुट्टी में पूरे परिवार ने मुझे बहुत प्यार दिया, क्योंकि मेरे बड़े भाई भी सेना में कार्यरत थे और गाँव के कुछ और लोग भी, वे जानते थे कि ट्रेनिंग में काफी सख्ती बरती जाती है। मेरे आसपास के लोग भी मुझमें आए बदलाव से अचंभित थे। वे अपने घर के बच्चों को मेरा उदाहरण देने लगे थे।

ठीक ही कहा जाता है कि ज्ञान से शक्ति और समाज का विकास होता है और एक सच्चे इनसान का जन्म होता है। ज्ञान कहीं से भी मिले, किसी से भी मिले, किसी भी रूप में मिले—वह अमूल्य होता है।

ज्ञान चाहे किसी भी स्त्रोत से मिले, जहाँ से भी इसे प्राप्त किया जा सकता है, वह अनमोल होता है।

□

सिपाही बनने की प्रक्रिया

उन छुट्टियों में जब मैं घर आया था, मैंने अट्ठाईस दिन घर में खूब मौज-मस्ती की। अब मैं जैसे कोई हीरो था सब लोगों के लिए। दोस्त मुझे साथ लेकर चलने में गर्व महसूस करते और गाँव भर में सीना चौड़ा करके घूमते। मुझे मालूम हुआ कि दोस्तों ने बहुत प्लान बनाए थे कि मेरे आने पर यह करेंगे, वह करेंगे! माँ-बाप भी राह देख रहे थे कि हमारा बेटा आएगा! सच कहूँ तो मेरे आने से उन्हें कुछ आर्थिक मदद भी हो जाती!

मैंने पहले दिल्ली से अपने शहर की बस ली! फिर गाँव तक की बस में सफर तय करके गाँव के बसस्टैंड पर उतरा। अब घर तक पैदल जाना था तो सोचा, कैप लगाकर चलता हूँ! अपने ब्रीफकेस को खोला तो मैं सन्न रह गया। कैप के बारे में सब भूल गया। मुझे पाँच हजार रुपए मिले थे ट्रेनिंग के दौरान, तनख्वाह के तौर पर। वे मैंने सूटकेस में एक थैली में रखकर कपड़ों में छुपा रखे थे। लेकिन अब वह थैली मेरी आँखों के सामने थी—बाहर, कपड़ों के ऊपर रखी हुई और खाली।

मेरी पहली तनख्वाह मेरे घर नहीं पहुँच पाई, बल्कि चोरी हो गई। निराश तो मैं बहुत हुआ, पर करता भी क्या! घर पर किसी को यह बात नहीं बताई मैंने, कहा कि पैसे ट्रेनिंग खत्म होने पर ही मिलेंगे। दोस्तों से भी कुछ नहीं कहा। वे बोलते रह गए कि पार्टी खिलाकर जाना। बस मैंने उनको यही कहा कि अगली बार जब आऊँगा, तब पार्टी खिलाऊँगा।

सभी के साथ समय बिताने में छुट्टियों के दिन कब बीत गए, पता ही नहीं चला। मौज-मस्ती के साथ खेती का भी काम चालू था। गेहूँ की कटाई, कढ़ाई और दोबारा से खेतों की धुधाई करने में ही वापस ट्रेनिंग पर जाने का दिन आ गया।

जब घर से निकलना था, तब माँ को बताना ही पड़ा कि 'मेरे पास पैसे नहीं हैं। सभी चोरी हो गए थे आते समय। इसलिए आपको भी नहीं दे पाया।'

माँ ने प्रेम से मेरे सिर पर हाथ फेरा और साथ ही एक हजार रुपए दिए। मैं बस पकड़कर दिल्ली आया, जहाँ मेरे तमाम वे साथी मिले, जो मेरे साथ ही छुट्टी पर आए थे।

सभी दोस्त बड़े गमगीन थे। किसी को अपने माँ-बाप व किसी को अपनी प्रेमिका की याद सता रही थी। मैं यही सब देख रहा था और अपने मन के विचारों में खोया हुआ था। हमारी ट्रेन स्टेशन पर लग चुकी थी तो सभी ने अपना सामान कोच में रखा और वापसी की यात्रा के लिए तैयार हुए।

मस्ती करते हुए सफर तय करना शुरू किया और जैसे ही शाम हुई, सब एक-दूसरे से पूछने लगे कि तुम क्या लाए हो अपने घर से? भूख तो जोरों से लगी थी और सबके घर से ज्यादा खाना पैक करके भेजा गया, बाकी लड़कों के लिए।

यह सब खाना एक जगह इकट्ठा कर लिया और सभी मिलकर खाने लगे। रात को बातें करते हुए सो गए और सुबह की पहली किरण के साथ

अपने गंतव्य स्थान पर पहुँच गए।

हमको लेने के लिए ट्रेनिंग सेंटर से बस आई हुई थी। सभी बस में बैठे और जल्द ही अपनी-अपनी ट्रेनिंग कंपनी में पहुँच गए।

अभी घर से निकले कुछ घंटे ही हुए थे तो जाहिर सी बात है कि मुझे घर की बहुद याद सता रही थी। मुझे लगता है, बाकी सब भी घर की यादों में खोए हुए थे। प्रशिक्षक जब दोपहर को आए तो उन्होंने हमारी शक्ल देखकर पहचान लिया, ये अभी-अभी घर की यादों में हैं, इसलिए प्लाटून का कोई काम नहीं किया। फौज का घर की यादों को भुलाने का क्या तरीका था, जानते हैं? उन्होंने हमको लिटाकर चारपाई के नीचे चक्कर कटवाने शुरू कर दिए। थोड़ी ही देर में हम पसीना-पसीना हो गए। मेरे तो कपड़े इतने गीले हो गए थे, जैसे अभी यह पानी से निकाले हों। यानी कपड़ों से पसीना पानी की तरह टपकने लगा। तभी एक उस्ताद ने कहा, "बेटा, सुबह से पोंछा लगा लेता तो इस तरह का पोंछा लगाने की नौबत नहीं आती!"

हम समझ तो गए कि वे क्या कह रहे हैं, मगर उसके बाद भी उन्होंने न जाने कैसी एक्सरसाइज कराई कि बुरी तरह से थका दिया। सच कहता हूँ, घर की सारी यादें एक पल में छू-मंतर हो गईं।

~✤~

अगले ही दिन से हमारी एडवांस ट्रेनिंग शुरू कर दी गई। हमें लगा ही नहीं कि हम कल ही छुट्टी से वापस आए हैं। अभी चार महीने की ट्रेनिंग बाकी है, यही सोचकर पसीने छूट गए। जो काम दिया गया, मैंने मन से किया। घर-परिवार की चाहे कितनी ही याद आई, उसे कभी अपने रास्ते में नहीं आने दिया।

दिन-रात एक करके मैंने चार महीने की कड़ी ट्रेनिंग को पार किया। मैं सेंटर की यंगब्लड फायरिंग टीम का सदस्य था। यंगब्लड में उन रिक्रूट्स को

लिया जाता है, जिनका निशाना सबसे बढ़िया होता है। हम भी पूरा-पूरा दिन फायरिंग रेंज पर फायर करते रहते थे। गोलियों का ग्रुप थोड़ा खराब हुआ नहीं कि बहुत मार पड़ती थी।

पर एक बात यह भी है कि अब तक इतनी मार पड़ चुकी थी कि डंडे की मार का हम पर कोई असर ही नहीं पड़ता था। उस्ताद कमर या पैरों पर डंडा मारता था और हम हँसते थे। एक दिन हमारी हँसी से वह इतना नाराज हुआ कि उसने 2.5 mm की बिजली की केबल काट ली। अब हमारी गलती पर हमें डंडा नहीं, बल्कि केबल पड़ने लगी। दर्द बहुत होता था और केबल बदन पर छप जाती थी। इतने निशान पड़ते थे कि शाम को नहाते समय एक-दूसरे के निशानों को देखकर हँसी उड़ाया करते थे, लेकिन हमने उस मार्ग को अपनी ट्रेनिंग का हिस्सा समझ लिया था। यह मार, यह ट्रेनिंग हमें कठिन चुनौतियों को झेलने के लिए तैयार कर रही थी। हमें परस्पर यह बताया जाता था कि एक सिपाही को हर मुश्किल हालात में भी अपना टास्क पूरा करना होता है। बस इसी सोच के साथ हम अपनी ट्रेनिंग को करते चले गए। जो उस्तादों की मार को न देखकर उसके पीछे छिपे इरादे को भाँप जाता है, कठिन ट्रेनिंग को पार कर लेता है, वही तो देश का एक बहादुर सिपाही बनता है।

हम सभी इस संसार में किसी-न-किसी भूमिका को निभाने आए हैं। यदि हम चुनौतियों की अग्नि में खुद को तपाएँगे और अपने कौशल को बढ़ाएँगे तो उस भूमिका को निभा सकते हैं। इससे हम अपने बेहतर रूप को प्राप्त कर सकते हैं।

□

भाई की शादी का जश्न

यों ही समय बीतता गया और देखते-ही-देखते हमारी ट्रेनिंग पूरी हो गई। इसके बाद एक पुलिस वेरिफिकेशन की प्रक्रिया होती है, जो कि आगे की काररवाई से पहले अनिवार्य होती है। कुछ साथियों का नंबर आ चुका था और उन सबकी कसम परेड हो गई थी।

उसी साल अक्तूबर के अंत में मुझे करीब छह दिन की छुट्टी मिली। उस दौरान मुझसे अपना पुलिस वेरिफिकेशन करा लेने के लिए कहा गया। जब मैं घर पहुँचा तो पता चला कि मेरे बड़े भाई की शादी तय हो चुकी है 8 दिसंबर को। वह भी फौज में इंजीनियर मैकेनिकल कोर में सेवारत हैं।

यह बेहद खुशी का मौका था हमारे परिवार के लिए, मानो बहुत समय बाद एक जश्न का अवसर मिला हो। मैं सबके साथ मिलकर काम में हाथ बँटाने लगा और अपना वेरिफिकेशन का काम भी करता रहा। उसी के चलते मैं अपने जिले के पुलिस हेडक्वार्टर से वेरिफिकेशन के कागज निकलवा लाया। उसको साइन करके रख लिया और एक प्रतिलिपि डाक के द्वारा ट्रेनिंग सेंटर में भेज दी।

मैं शादी की तैयारियों में हाथ बँटा रहा था और सोच रहा था कि क्या दोबारा इतनी जल्दी छुट्टी मिल पाएगी! और अब घरवाले भी मुझसे शादी में आने के लिए कहने लगे।

मैं जानता नहीं था कि छुट्टी कैसे मिलेगी तो कह दिया, "मैं नहीं आ पाऊँगा।"

वे बोले, "हम बुला लेंगे।"

मैंने भी यों ही कह दिया, "ठीक, है बुला लेना।"

~✤~

छुट्टियाँ पूरी करके मैं वापस ट्रेनिंग सेंटर पहुँचा और बाय हैंड वेरिफिकेशन की प्रतिलिपि ऑफिस में जमा कराकर अपनी कसम परेड की। अब मैं भी अपने साथियों की तरह ग्रेनेडियर्स में शामिल हो गया था। महीनों की मशक्कत के बाद, जिस वरदी को पहनने की मुझे बचपन से तमन्ना थी, अब वह पूरी हो गई थी।

उस वरदी के साथ न केवल स्वाभिमान, बल्कि जिम्मेदारी भी आती है। तब सिपाही बनने पर मेरी भी जिम्मेदारी बढ़ गई थी। अभी तक जहाँ एक रिक्रूट की तरह से मुझे काम दिया जाता था, अब सिपाही की तरह से दिया जाने लगा। मैं मन लगाकर ड्यूटी करता था, क्योंकि मेरे अंदर सीखने की बहुत चाह थी।

देखते-ही-देखते दिसंबर माह आ गया। मुझे तब समझ आया कि मेरे परिवारवाले मुझे शादी में बुलाने की बात पर इतने आश्वस्त कैसे थे। घरवालों ने सेंटर के पते पर शादी का कार्ड भेजा। मैंने अपने सीनियर्स को पहले से बताया हुआ था कि घर पर मेरे बड़े भाई की शादी है। परंतु कुछ दिन में माँ के सीरियस होने का टेलीग्राम आया और फिर पिताजी के बहुत बीमार होने का टेलीग्राम। मेरे सीनियर्स जानते थे कि घर में शादी है, लेकिन माता-पिता की

बीमारी का टेलीग्राम आने से मेरी सब बातें झूठ हो गईं।

मैंने अपने सीनियर्स से बात करने की कोशिश की, लेकिन वे नहीं माने। उन्हें लगने लगा कि मैं छुट्टी जाने के लिए सब बहाने बना रहा हूँ, झूठे टेलीग्राम करा रहा हूँ।

मैंने कहा भी, "सर, टेलीग्राम झूठे हैं, मैं जानता हूँ। लेकिन घर में शादी है, यह सत्य है।"

उन्होंने पलटकर कहा, "शादी भी नहीं है। सब बहाने हैं और इस सबसे छुट्टी नहीं मिलेगी।"

मैं जानता था कि यह सब उन नकली टेलीग्रामों की वजह से हाथ से बाहर हो गया था और मैं सीनियर का दृष्टिकोण भी बखूबी समझ रहा था।

मैंने कह दिया, "ठीक है, सर! मैं नहीं जाऊँगा तो शादी नहीं होगी क्या! सर, मैं नहीं जाऊँगा।"

अंततः मैं भाई की शादी में नहीं जा सका। मेरे बहुत अरमान थे, लेकिन मैं भारतीय सेना का सैनिक था। सबसे पहले सेना के आदेशों का पालन करना मेरा दायित्व था। 8 दिसंबर यानी शादी की रात को वहीं सेंटर में अपने दोस्तों के साथ खूब खाया-पिया और शादी के जैसे ही जश्न मनाया।

रात को ज्यादा खाना-पीना, नाचना सेंटर में वर्जित था और यह सब जानते थे, मगर जब सब दोस्तों ने देखा कि मैं कुछ उदास हूँ तो उन्होंने मेरे साथ मिलकर मुझे परिवार की कमी महसूस ही नहीं होने दी। हालाँकि एक उस्ताद को गुस्सा आया कि हमने नियम तोड़े हैं और उसने सजा भी दी। पर हम सब दोस्तों ने सजा भी इकट्ठे काटी और पूरी रात ऐसे ही गुजार दी।

सैनिक के लिए सेना ही उसका पहला घर-परिवार होता है। उस परिवार का आदेश सबसे पहले आता है। अपने घर की खुशी सेना की प्राथमिकताओं से कभी बड़ी नहीं हो सकती।

आज भी जब मैं अपनी मम्मी को बताता हूँ कि भैया की शादी की रात मेरे लिए खास थी, वे समझ नहीं पातीं। कहती हैं, "आए तो थे नहीं।"

पर मैं यह समझता हूँ कि खुशी में शामिल होने के लिए वहाँ प्रत्यक्ष रूप से होना जरूरी नहीं होता। जहाँ भी आप हैं, वहीं उस मौके को धूमधाम से मना सकते हैं। मुझे भाई की शादी में न आ पाने का मलाल तो था, पर मैंने उस मौके पर शोक नहीं किया, बल्कि अपनी क्षमता से उसका सदुपयोग किया। यदि मैं शादी में आया होता तो वे यादें न होतीं, जो आज मेरे चेहरे पर मुसकराहट लाती हैं।

***यदि आप उन बातों पर जरूरत से ज्यादा सोचेंगे,
जो आपके नियंत्रण में नहीं हैं, तो आप ऐसे कई
बहुमूल्य पलों का आनंद लेने से चूक जाएँगे,
जिन पर आपका पूर्ण नियंत्रण है।***

□

यूनिट के लिए प्रस्थान

हमारी नौ महीने की ट्रेनिंग पूरी होने के बाद जहाँ हमने थोड़ी राहत की साँस ली, वहीं ट्रेनिंग सेंटर में और भी बहुत सारी ट्रेनिंग दी जा रही थी। आखिर हमें सिपाही बनने के लिए तैयार जो होना था।

हम सभी साथियों की यूनिट का बँटवारा हुआ। हम सब एक साथ भर्ती होकर ट्रेनिंग सेंटर में पहुँचे थे और इन महीनों में सुख-दुःख में साथ रहकर दिन बिताए थे। ट्रेनिंग खत्म होने पर अब सबके बिछड़ने का समय आ गया था। सबको अलग-अलग यूनिटी मिली और हम आपस में यही कहते थे कि हम सभी को अलग-अलग घरों में जाकर अपने कर्तव्य का निर्वहन करना है।

अंततः सब औपचारिकताएँ पूरी होने के बाद 31 दिसंबर को हमें ट्रेनिंग सेंटर से विदा किया गया। चाहे हमने वहाँ कितनी ही चुनौतियों का सामना किया हो, यह सेंटर हमारे लिए हमेशा इस नए सफर का पहला कदम होनेवाला था।

जाने के नाम से मैं थोड़ा दुःखी तो था, लेकिन अपने दायित्व और

कर्तव्य का निर्वहन करने की उमंग मन में सर्वोपरि थी। दोस्तों ने जाने से पहलेवाली रात मिलकर खूब मस्ती की, क्योंकि कोई नहीं जानता था कि साथ में सबका दोबारा मिलना होगा या नहीं।

अगली सुबह सभी एक-दूसरे को अच्छे काम करने की दुआएँ देकर विदा हुए।

मुझे और मेरे दो साथियों को एक ही यूनिट में नियुक्ति दी गई थी। बहरहाल ट्रेनिंग के बाद कुछ दिन की छुट्टी मिलती है तो अभी तो सब घर की तरफ ही जा रहे थे। तीनों दिल्ली तक अपना सामान लेकर साथ ही आए और वहाँ से अपने गंतव्य स्थान की तरफ चल दिए, क्योंकि ट्रेनिंग सेंटर से अपना बोरिया-बिस्तर बाँधकर आए थे तो सामान बहुत था। बॉक्स, बिस्तरबंद, सूटकेस, बैग—सब सामान को कुलियों की मदद से बस स्टैंड तक पहुँचाया। वहाँ से बस नहीं मिली तो दूसरे बस स्टैंड पर गया। तब कहीं जाकर शाम के समय बस मिली। मैं ही जानता हूँ कि पूरे सामान को बस के अंदर कितनी मुश्किल से रख पाया था। मैं यह भी नहीं चाहता था कि बाकी लोगों को दिक्कत हो, तो किसी तरह सामान चढ़ाकर बस में बैठ गया।

बस में बैठने की जगह तो थी नहीं, तो मैं मिलिटरी बॉक्स को लंबाई में खड़ा करके उसको पकड़े खड़ा था। रिंग बिलाडा की सवारियों को निकलने में परेशानी न हो, इसलिए जरा एक तरफ को भी था। कुछ दूर बस चलने के बाद दोबारा रुकी तो एक लड़की बस में चढ़ी। ज्यादा दूर न जाकर कंडक्टर के पीछेवाली सीट पर बैठ गई। मैं भी बस के पीछे की सीटों को देख रहा था कि कहीं अपने बक्से के साथ बैठने की जगह मिल जाए तो बाकियों को दिक्कत नहीं होगी।

तब मेरी नजर उस लड़की पर पड़ी। वह मुझे घूर-घूरकर देख रही थी। यों लगा कि शायद मुझे पहचानने की कोशिश कर रही हो। तभी एक बुजुर्ग ने मेरा नाम लेकर मुझे पुकारा, जो उस लड़की के साथ ही खड़ा था।

उन्होंने कहा, "अरे योगेंद्र, कहाँ पोस्टिंग मिली है ?"

इस पर मैं भौचक्का सा रह गया कि इनको मेरा नाम कैसे पता चला ? फिर याद आया कि बक्से पर मेरा नाम लिखा हुआ था, जो मैं बिल्कुल भूल ही गया था। अब मैं भी उस बुजुर्ग को गौर से देखने लगा कि कहीं वह मेरी रिश्तेदारी का तो नहीं। जब कोई पहचान नहीं कर पाया, तो मन में खयाल आया कि शायद यह भाई के ससुराल का कोई हो। क्योंकि मैं तो शादी में आया नहीं था, न ही भाई के ससुरालवालों से कभी मिला था।

अभी मन-ही-मन में सोच रहा था कि उस बुजुर्ग ने कहा, "मैंने आपका नाम बक्से पर देखकर आपको पुकारा है।"

अब शांत हो गया कि यह कोई जानकार नहीं है और अपने मन के घोड़ों को दौड़ाना शुरू किया। मैंने उनको बता दिया कि कश्मीर में पोस्टिंग पर जा रहा हूँ, लेकिन वहाँ एक लड़की बार-बार मुझे ही देखे जा रही थी।

मुझे बड़ी अजीब सी बेचैनी होने लगी, यह सोचकर कि कौन है, जो मुझे टकटकी लगाए देख रही है। आखिरकार मैंने उसकी तरफ अपनी पीठ कर ली और बस के आगे की तरफ देखता रहा।

करीब एक घंटे बाद मेरे शहर का बस स्टॉप आ गया। सभी सवारियाँ उतर गईं और अंत में मैं और वह लड़की बचे। मैंने विनम्रता से कहा, "मैडमजी, आप पहले उतर जाइए, मेरा सामान ज्यादा है। मैं बाद में आराम से उतर जाऊँगा।"

उसने भी कहा, "कोई बात नहीं, पहले आप उतरो।"

मैंने फिर आग्रह किया, "आप उतर जाओ, वरना समय लगेगा।"

खैर, वह उतरी और बस के दरवाजे के पास ही खड़ी हो गई। मैंने कहा, "मैडम, आप थोड़ा दूर हो जाओ दरवाजे से, कहीं चोट लग न जाए।"

उसने भी उतना ही जोर देकर कहा, "मैं यहीं खड़ी रहूँगी, नहीं हटूँगी यहाँ से।"

मैं हैरान था कि यह लड़की आखिर ऐसे क्यों बात कर रही है। मैंने कहा, "ठीक है, मत हटिए।" वह भी नहीं हिली। "मैं बक्सा नीचे की तरफ गिरा रहा हूँ, चोट लग गई तो मेरे से मत कहना।" उसने पलटकर कहा, "तू चोट मारकर दिखा।"

मैंने ज्यादा ध्यान न देते हुए ऊपर से बक्सा गिरा दिया। वह लोहे का था। बहुत भारी भी, सामान से खचाखच भरा हुआ। फिर मैंने सोचा, उसका क्या बिगड़नेवाला था। जब बक्सा गिरा, वह दूर हट गई।

मैंने अपना पूरा सामान उतारा और रिक्शा बुलाया। मैंने सामान रखकर रिक्शेवाले को मुझे गाँव के बस स्टैंड पर ले चलने के लिए कहा। वह लड़की अब रिक्शावाले और मेरी बातें सुन रही थी। मैं रिक्शे में अपने बस स्टैंड की तरफ चल दिया और वह वहीं खड़ी रही।

बस स्टैंड पर पहुँचते हुए मैं सब भूल गया, क्योंकि ध्यान सब सामान को घर पहुँचाने पर था। बस स्टैंड से बस पकड़ी और किसी तरह गाँव पहुँचा। घर पहुँचते-पहुँचते सूर्यास्त हो गया था, पर मैं बहुत खुश था घर आकर। रात को माँ के हाथ का बना हुआ खाना खाया तो आनंद अनुभव किया।

खाना खाते समय पिताजी और छोटा भाई भी थे और सब साथ बैठे घर-बाहर की चर्चा कर रहे थे।

तभी माँ ने कहा, "कल ही तेरी भाभी आई थी यहाँ। अब एक महीने बाद ही आएगी। पर वह बोलकर गई है मुझे कि मम्मी, जब देवरजी आ जाएँ तो मिलने के लिए जरूर भेज देना।" मम्मी हँसकर बोली, "कल तू अपनी भाभी से मिलने चले जाना।"

मैंने कहा, "माँ, मैं उनको या उनके किसी परिवार के लोगों को जानता

तक नहीं। ऐसे मुझे ठीक नहीं लगता अकेले जाना।"

माँ ने कहा, "अब कोई तुम्हें लेकर थोड़ी जाएगा, हो आओ।"

मैंने उनसे कहा, "ठीक है, चला जाऊँगा। पर अपने एक-दो दोस्तों को लेकर जाऊँगा।"

माँ ने दोस्तों को लेकर जाने के लिए मना किया तो मैंने कहा, "मम्मी, मैं नहीं जा सकता।"

पिताजी ने देखा कि बात किसी नतीजे पर नहीं पहुँच रही तो कहा कि सुबह बात करना। खाना खाकर हम सो गए। पिताजी ने बताया था कि सुबह खेत में गन्ने की बुआई करनी है।

अगले दिन, जल्दी उठकर खेत में चले गए। गाँवों में एक मजेदार बात यह है कि जिस दिन गन्ने की बुआई होती है, मोहल्ले, पड़ोस के लोग मिलकर बुआई करवाते हैं। उस दिन घर में खीर, पूरी, सब्जी की दावत होती है और सभी लोग मिलकर खाते हैं। उस दिन भी घर पर कुछ दस से बारह लोग थे।

सुबह 11 बजे तक गन्ने की बुआई हो चुकी थी। तभी मेरे छोटे भाई की उम्र का एक लड़का हमारे खेत की तरफ आता दिखा। मेरे ताऊजी के बड़े बेटे ने कहा, "जितेंद्र, तू यहाँ कैसे ?"

मैंने उसकी शक्ल नहीं देखी थी, लेकिन जैसे ही जितेंद्र नाम सुना तो मुझे लगा, मेरा बड़ा भाई भी छुट्टी पर घर आ गया है।

जब मैंने पीछे मुड़कर देखा तो कोई और ही था। मैंने भाई से पूछा, "यह कौन है ?"

उन्होंने बताया, "यह है पिंटू का साला!" पिंटू मेरे बड़े भाई का घर का नाम है।

इतने में उसने मुझे नमस्ते की और बोला, "दीदी ने आपको बुलाया है।"

मैं तो माँ से पहले ही कह चुका था कि मैं नहीं जा सकता, सो उसे भी वही कह दिया।

उसने कहा, "अपनी माँ से घर पर चलकर बात कर लो।"

मेरे भाई ने कहा, "तू घर जा और बात कर ले, हम काम खत्म करके आ जाएँगे इतनी देर में।"

मैंने देखा कि ज्यादातर काम हो चुका है तो मैं घर चला आया।

घर पहुँचकर पता चला कि माँ पहले ही भाभी के भाई को मुझे उसके साथ भेजने का वादा कर चुकी थीं। माँ ने मुझसे साथ जाने को कहा। मैंने बहुत मना किया, लेकिन वे नहीं मानीं और मुझे उसके साथ भेजने की जिद पर अड़ी रहीं।

मैंने कहा, "एक शर्त पर जाऊँगा। शाम को यह मुझे वापस छोड़कर जाएगा।"

वह झट से मान गया। तब मैं उसके साथ भाभी के घर की तरफ निकल पड़ा। उनका घर हमारे घर से करीब दस किलोमीटर के आसपास ही है तो हम करीबन बीस मिनट में भाभी के घर पहुँचे।

घर के बाहर आँगन में वही लड़की बैठी थी, जो मुझे बस में घूर-घूरकर देख रही थी। मैंने मन में सोचा, 'यह मेरी भाभी नहीं हो सकती!'

यह सोचता हुआ उनके पास पहुँचा, उनको नमस्ते की तो वह बोली, "पहचाना?"

उन्होंने बड़ा तंज कसकर कहा, मगर मैंने विनम्रता से कह दिया, "जी, पहचान लिया।"

उसने कहा, "मैं आपकी भाभी की बड़ी बहन हूँ। आपकी भाभी बाहर गई हैं, अभी बुलाते हैं।"

मैं अंदर जाकर कमरे में बैठ गया। किसी को जानता तो था नहीं, इसलिए चुपचाप बैठा रहा। पहले तो मोबाइल भी नहीं थे, जो उससे काम चला लूँ। बैठे-बैठे बोर होने लगा, तभी भाभी आईं। उनको नमस्ते की और कुछ बातचीत करने लगा। मन-ही-मन बड़ा खुश था कि वह दूसरी लड़की मेरी भाभी नहीं थी। कुछ देर बाद मैंने खाना खाया और भाभी से विदा लेकर घर लौट आया।

भाभी से हुई यह पहली मुलाकात और उनके परिवार से अनोखी जान-पहचान मेरी छुट्टी का एक मुख्य आकर्षण बन गया।

यों ही हँसते, मौज करते, काम में हाथ बँटाते और माँ के हाथ का खाना खाते एक महीने की छुट्टी कब व्यतीत हो गई, पता ही नहीं चला। मूल रूप से बस खेत से घर और घर से खेत का सफर चलता रहा। घर के ज्यादातर कामों को पूरा करने की लगन लगी रही कि यह काम मम्मी और छोटे भाई पूरा नहीं कर पाएँगे तो इन सभी कामों को पूरा करके जाऊँ।

आखिरकार वह दिन आ गया, जब मुझे पहली बार अपनी यूनिट के लिए प्रस्थान करना था। मेरठ से मेरी ट्रेन शाम को थी। दोपहर को घर से खाना लेकर चल दिया और फिर शाम को ट्रेन पकड़कर अपने नए सफर के लिए यूनिट में पहुँच गया।

नई-नई चुनौतियों का सामना करने से पहले मन में थोड़ी आशंका का होना स्वाभाविक है। लेकिन कठिन परिश्रम और समर्पण से उन्हें आसानी से पूरा किया जा सकता है।

□

यूनिट के जवानों के द्वारा स्वागत

8 फरवरी, 1998

मुझे ड्यूटी की रिपोर्टिंग के लिए जम्मू पहुँचना था तो मैंने मेरठ से ट्रेन पकड़ ली। जम्मू रेलवे स्टेशन पर ट्रांजिट कैंप के लिए पहले से ही बस खड़ी थी, लेकिन मैं और जो बाकी साथी वहाँ पहुँचे थे, बस में नहीं बैठे। हमने पता किया तो पता चला कि कैंप बिल्कुल नजदीक है। छुट्टी पर जाने के कारण बाल लंबे हो रहे थे तो सोचा कि कटिंग कराकर ही चलेंगे।

उस दिन शायद मैंने अपने जीवन की सबसे महँगी कटिंग कराई होगी। एक तो हम उस शहर में अनजान थे और मुझे लगता है कि उस दुकानदार ने हमारे हाव-भाव से जान लिया था कि हम नए जवान हैं, जो सेना में रिपोर्ट करने आए हैं। अंदाजा लगाना ज्यादा मुश्किल नहीं था, क्योंकि हमारा सामान काफी था और हमने उसको बाल बहुत छोटे करने को कहा था। अब वह जानता था कि हम इस इलाके से अनजान हैं तो उसने सोचा कि जितने पैसे माँग लूँगा, मुझे मिल जाएँगे।

उसने माँगे, हमें भी देने ही पड़े।

हेयर कट कराकर हम लगभग सुबह 9 बजे ट्रांजिट कैंप पहुँचे। सबसे पहले अपने डॉक्यूमेंट जमा किए और औपचारिकताएँ पूरी कीं। तब हमें बताया गया कि "आपकी यूनिट की रेप (कुछ जवानों की टोली) यहीं पर है, उनसे सर्दी के कपड़े ले लीजिए।"

फरवरी माह की 8 तारीख थी तो सर्दी भी खूब थी। हमने अपनी यूनिट की टोली वाला टेंट ढूँढ़ा और सभी वहाँ पहुँच गए। नायक रणवीर सिंह उस टोली का कमांडर था। हम तीन जवान थे, जो एक साथ यूनिट में नई पोस्टिंग पर जा रहे थे—संजय कुमार, अनुज कुमार और मैं। टोली कमांडर नायक रणवीर ने बड़े अदब से हमारा नाम, गाँव, जिला और राज्य पूछा। फिर उसने यूनिट के बारे में हमें बताया और हमें सर्दी के लिए कपड़े और बाकी सामान इशू किया। उस सामान की लिस्ट बनाकर हमसे साइन कराए।

गौर करनेवाली बात है कि तब तक मैं हिंदी में ही अपना नाम लिखता था। जैसे ही मैंने हिंदी में नाम लिखा, उसने तुरंत पूछा, "कितना पढ़ा-लिखा है?"

मैंने कहा, "दसवीं।"

"अंग्रेजी नहीं पढ़ी क्या?"

मैंने कहा, "पढ़ी है, सर!"

हैरान होकर पूछने लगा, "फिर अंग्रेजी में नाम क्यों नहीं लिखा?"

मैंने फिर अंग्रेजी में नाम लिख दिया, क्योंकि मैंने इस बात पर ज्यादा गौर नहीं किया था कभी। शायद पूरा फॉर्म अंग्रेजी में था, इसलिए औपचारिक तौर पर मुझे उसी भाषा में हस्ताक्षर करने थे।

इतने में वे हमें बताने लगे, "मेरी सत्रह साल की नौकरी है। मैं आठवीं

पास हूँ और अंग्रेजी में साइन करता हूँ।" इसी तरह उन्होंने अपना खूब रोब चलाया। वे जो-जो कहते गए, हम चुपचाप सुनते चले गए। खड़े-खड़े ही उनका भाषण सुना, जो कम-से-कम एक से डेढ़ घंटे तक चला। मैं सोचने लगा कि कब यह हमें छोड़ेंगे! अभी खाना भी नहीं खाया और कल सुबह श्रीनगर के लिए भी निकलना है।

खैर, उन्होंने अपनी सारी भड़ास हम पर निकालकर हमको छोड़ा और तीनों को साथ रहने को कहा। यह भी बताया कि श्रीनगर में अपनी यूनिट की गाड़ी आती है, उससे यूनिट में जाना होगा।

उनसे पीछा छुड़ाकर आए, तब जाकर खाना खाया। उधर ट्रांजिट कैंप के सी.एच.एम. कंपनी हवलदार मेजर ने सीटी बजा दी। सबको बुलाकर रात के 10 बजे तक नंबर बताया गया और जरूरी कागज दिए गए। किसी को बस की सुरक्षा के लिए हथियार लेना था तो किसी को बस का कमांडर नियुक्त किया गया था। कंपनी हवलदार मेजर ने कहा, "आज रात 2 बजे बस तैयार रहेगी। सुबह चार बजे बस यहाँ से जयनगर के लिए निकल जाएगी और जो छूट गया, वह खुद जिम्मेदार होगा।"

मन में बिठा लिया कि समय का ध्यान रखना होगा, कहीं बस न छूट जाए। उस समय ट्रांजिट कैंपों में चारपाई बहुत कम थीं और केवल सीनियर लोगों को ही मिल पाती थीं। बाकी सब जमीन पर अपना बेड होल्डर खोलकर उसी पर सोते थे। मुश्किल से करीब ग्यारह बजे नींद आई और 12:30 के आसपास हलचल और शोर-शराबे से मैं उठ गया। देखा कि सब उठकर तैयार हो रहे हैं, बाथरूम के सामने खड़े हैं या कुल्ला-दातुन करने लग गए हैं। कोई ब्रेकफास्ट लाने लंगर जा रहा था, कोई अपने साथी को जगा रहा था। कुल मिलाकर खूब शोर था। मैंने भी अपने दोस्तों को उठाया। अब वहाँ इतनी भीड़ थी कि एक-एक करके ही तैयार हो सकते थे। इस जल्दबाजी में कोई किसी और का सामान अपना समझकर ले गया तो वापस मिलना मुश्किल

था। खैर, सब चीजों का ध्यान रखते हुए हम भी तैयार हुए।

उसके बाद हम अपनी बस को ढूँढ़ने लगे। इतनी बसें होने के कारण देर काफी लगी, परंतु अंत में अपनी बस ढूँढ़कर, छत पर अपना अपना सामान चढ़ा दिया। दो बजे तक हम बस में बैठ गए थे, जबकि बस चलने का समय 4 बजे था। हमने सोचा कि अगर कहीं दूसरी जगह बैठे और नींद आ गई तो बस तो जाएगी ही, साथ ही सामान भी चला जाएगा। इसलिए बस में अपनी सीट पर ही बैठकर सो गए।

चार बजे दोबारा कंपनी हवलदार मेजर ने सीटी बजाई। सभी लोग अपनी-अपनी बस के पास इकट्ठे हो गए। नाम के हिसाब से सभी को बस में बैठाया गया और यात्रा की तमाम हिदायतें बताई गईं। बस कुछ स्थानों पर ही रुकनेवाली थी और रास्ते में कहीं पर भी नहीं। उन्होंने बताया कि खाना रामबन में मिलेगा और वहाँ बस तीस मिनट के लिए रुकेगी। ऐसी तमाम हिदायतों के बाद 'बजरंगबली की जय', 'भोले बाबा की जय', 'भारतमाता की जय' का शंखनाद किया और हम श्रीनगर की ओर प्रस्थान कर गए।

पके फल पेड़ से गिरकर जमीन को छू लेते हैं।
उसी प्रकार ज्ञानी लोग विनम्र और जमीन से जुड़े होते हैं।

□

श्रीनगर से यूनिट तक की यात्रा

हम 9 फरवरी, 1998 को श्रीनगर पहुँच गए। शाम का समय था, जब हमारी बस श्रीनगर ट्रांजिट कैंप पहुँची। जम्मू से श्रीनगर तक की यात्रा लगभग तीन सौ किलोमीटर की है, जो हमने पंद्रह घंटे में पूरी की। पंद्रह घंटे कुछ कम नहीं होते और हमारे पास तो एक पूरा दिन था। उस सफर में पहाड़ों की वादियों में खूबसूरत नजारे देखते हुए राह कटी। इतने सुंदर पहाड़, इतनी खूबसूरत वादियाँ देखकर मन में सोचा, लोगों से सुना था और किताबों में पढ़ा था कि कश्मीर धरती का स्वर्ग है। आज यह नजारा देखकर साक्षात् स्वर्ग के दर्शन भी हो गए।

फिर सोचने लगा, लोग कहते हैं कि स्वर्ग में भगवानों का वास होता है तो आतंकवादियों के रूप में राक्षस यहाँ कैसे आ गए? यहाँ पर्वतराज हिमालय के शिखरों पर बुराई फैलाने की हिम्मत किसने की? यह तो शंकर का निवास-स्थान है, क्या भोले बाबा ने अपनी तीसरी आँख खोलकर उनको भस्म नहीं किया? वैसे मैं भी भोले बाबा का भक्त हूँ, शायद वे राक्षसों का

विनाश अपने भक्तों के हाथों कराना चाहते हैं, इसलिए हमें अपने पास बुला लिया है।

इन्हीं विचारों में डूबे हुए हम कश्मीर के ट्रांजिट कैंप पहुँचे। सब ने बारी-बारी से बस से अपना सामान उतारा और एक जगह खड़े हो गए। वहाँ के कंपनी हवलदार मेजर ने सभी को फॉल-इन के लिए कहा। सभी की गिनती की गई और सबको वहीं पर रात की ड्यूटियाँ बाँट दी गईं।

हम सात जवानों को तीन दिन के लिए लंगर में खाना बनाने की ड्यूटी दी गई थी।

मैंने कहा, "सर, हम नए हैं। हमारी यूनिट से गाड़ी कब आएगी और हमको कहाँ जाना है, बता दीजिए।" क्योंकि अभी तक मुझे कोई आगे की जानकारी नहीं दी गई थी।

उसने कहा, "जब गाड़ी आएगी, आप लोगों को अपनी यूनिट में भेज दिया जाएगा।"

हम अपना बिस्तर लेकर लंगर की तरफ चले गए। हमारा पहला काम था लड्डू बनाने का। बनाना तो बाद में आया, पहले तो लड्डू का नाम सुनते ही मेरे मुँह में पानी आ गया। मुझे लड्डू बहुत पसंद हैं। अभी उत्साह चरम पर पहुँचा ही था कि लंगर कमांडर ने कहा, "चलो, शुरू हो जाओ! कोयले के लड्डू बनाने हैं खाना पकाने के लिए।"

मुँह का सारा पानी धरा-का-धरा रह गया। उस समय दो घंटे की लड्डू बनाने की ड्यूटी थी, उसके बाद अगली सुबह। हमने खाना खाकर कोयले के लड्डू बनाने शुरू कर दिए। दो घंटे बाद हमें सोने को मिला। पंद्रह घंटे का बस का सफर बहुत थकानेवाला था। लेटते ही कब नींद आ गई, पता ही नहीं चला।

अगले दिन सुबह जल्दी उठा और बाकी का दिन अपने साथियों के साथ

काम करने में बीत गया। शाम को उस लंगर का कुक मिला, यानी खानसामा। उसने हमसे हमारी यूनिट पूछी तो हमने यूनिट का नाम बता दिया। उससे उसकी यूनिट का नाम पूछने पर पता चला कि वह भी हमारी यूनिट का ही है। अपनी यूनिट का कोई और मिला तो हमको लगा, जैसे घर का कोई सदस्य मिल गया। फिर हमने उससे यूनिट जाने के बारे में पूछा, क्योंकि हमें उसकी अभी तक कोई जानकारी नहीं मिली थी।

उसने शायद मेरा मन पढ़ लिया था तो मुसकराकर बोला, "घबराओ नहीं, मैं तुम्हें लेकर जाऊँगा।"

उसकी इस बात से साहस बँधा। अगले दो दिन वहीं काम में बीत गए और तीन दिन बाद, सभी यूनिट्स की गाड़ियाँ अपने सिपाहियों को ले जाने के लिए आईं। मैंने अपनी यूनिट की गाड़ी में अपना सामान रखते हुए यों महसूस किया कि अपने असली घर जाने का समय अब आ गया है।

अहसास हुआ जैसे अपने घर की गाड़ी में सामान रख रहे हैं। वास्तव में यूनिट सैनिक का घर ही तो होता है, जहाँ वह फौज में पैदा होते ही पहुँच जाता है और पूरी जवानी उसी घर में गुजार देता है। उसी उत्साह के साथ मैंने उस गाड़ी में कदम रखा। अपनी यूनिट पहुँचने में लगभग 1 से 2 घंटे का समय लगा। बस से उतरने पर हमारा पहचान-पत्र और डॉक्यूमेंट चेक करके यूनिट के सूबेदार एडजूडेंट (SA) साहब ने हमें हमारी कंपनी में भेज दिया।

हमारी यूनिट में चार कंपनी चार कास्ट की हैं। मेरी B कंपनी थी तो मैं, संजय और अनुज B कंपनी की तरफ बढ़े।

वहाँ पहुँचने पर कंपनी हवलदार मेजर ने हमारा कंपनी में स्वागत किया। आगे कंपनी भी प्लाटूनों में बँटी होती है तो मुझे 5 प्लाटून तथा संजय और अनुज को 6 प्लाटून में भेजा गया।

वहाँ प्लाटून हवलदार ने मेरा खूब स्वागत किया और कहा, "बेटा,

हाथ-पैर धो लो। फिर स्टोर में सर्दी का कुछ और सामान मिलेगा, वह ले आओ।"

मैं हाथ-मुँह धोकर स्टोर की तरफ गया। वहाँ बर्फ में पहननेवाले सफेद बड़े-बड़े जूते मुझे दिए गए। साथ ही और भी बहुत सा सामान था, जिसे मैं लेकर आया। तभी एक प्लाटून के सीनियर नायक साहब ने मुझसे कहा, "तुम सही समय पर आए हो, आज यहाँ सबको दारू मिलनी शुरू हो रही है। तुम भी अपना नाम लिखवा दो और दारू ले आओ जरा।"

मैं यह सुनकर खुश हो गया। मैंने वहाँ अपना नाम लिखाकर जैसे ही दारू माँगी, वहाँ बैठे नायब सूबेदार साहब ने गरजते हुए कहा, "किसके लिए लेने आया है? क्या नाम है तेरा? तू कब प्लाटून में आया?"

ऐसे कई सवाल एक साथ ही मुझ पर फेंक मारे। मैंने एक-एक करके सभी सवालों का जवाब दिया और विनम्रता से कहा, "साहब, मैं अभी आया हूँ, बस पहुँचा ही हूँ। किसी ने मुझसे नहीं मँगाई, मैं अपने लिए लेने आया हूँ।"

मैं उन सीनियर नायक सर का नाम नहीं लेना चाहता था, नहीं तो वे नाराज हो जाते, इसलिए मैं कहता रहा कि अपने लिए ही लेने आया हूँ। फिर भी उनको यकीन नहीं हुआ।

उन्होंने कहा, "अच्छा, अगर तू अपने लिए लेने आया है तो तुझे यहीं बैठकर पीनी पड़ेगी।"

मैं और क्या कहता, बोला, "ठीक है साहब!"

उन्होंने मेरे गिलास में दो पैग डाले, फिर पानी डालने लगे।

मैंने कहा, "पानी नहीं डालूँगा साहब!"

मैंने गिलास उठाया और गट-गट दोनों पैग पीकर गिलास खाली कर

दिया। वे मुसकराकर बोले, "तू पक्का नशेड़ी है। कब से पीता है ?"

फिर मैंने बताया कि मेरे पिता फौज में थे और वे कैंटीन से अपने लिए लाया करते थे। जब मुझसे पैग डलवाया करते थे तो मैं भी उनके साथ उनकी बोतल से एक पैग निकालकर उतना पानी डालकर रख देता था। "साहब, मैं जब छठी कक्षा में था, तब भी कभी-कभी पीता था।"

फिर उन्होंने कहा, "फिर तो सारे भाई पीते होंगे।"

मैंने कहा, "नहीं साहब, मेरे सिवा और कोई नहीं पीता।"

इस छोटी बातचीत के बाद उन्होंने मुझे जाने दिया। मैं भी वापस आकर सो गया।

सुबह कंपनी में पता चला कि एक मेरे गाँव का और दो-तीन आसपास के गाँव के सीनियर जवान तथा हवलदार उसी प्लाटून में हैं। उन सबको अब तक खबर मिल चुकी थी कि आपके गाँव के नजदीक का एक लड़का आया है, जो पूरा शराबी है।"

यह मजाक में कही गई बात मुझे अपनी यूनिट में काफी प्रसिद्ध कर गई। परंतु यह भी सत्य है कि इस वजह से मेरे यूनिट का पहला दिन मुझे जीवन भर याद रहेगा।

हम जब किसी से मिलते हैं, तो यह फैसला हमें करना है कि अपने कर्मों से हम उनके दिल और दिमाग पर अपनी कितनी छाप छोड़ पाते हैं।

□

यूनिट की कार्यशैली और कार्यप्रणाली

मेरे वहाँ पहुँचने के समय यूनिट श्रीनगर में प्री-इंडक्शन ट्रेनिंग कर रही थी। मैं और मेरे साथी भी उस ट्रेनिंग में शामिल हो गए। उसमें हमें बताया गया कि आतंकवादियों के कार्य करने की तरकीब-तरीके कैसे हैं, वे किन तरीकों से सशस्त्र बलों पर हमला करते हैं, कौन-कौन से ग्रुप हमारे एरिया में सक्रिय हैं और किस इलाके में कितने कमांडर हैं। सिविलियन प्रशासन, आम जनता के साथ कैसे बेहतर तालमेल बनाया जा सकता है, इसकी ट्रेनिंग भी दी जा रही थी। मुझे ज्ञात हुआ कि यह ट्रेनिंग संपूर्णत: आम नागरिकों की सुरक्षा और उनका विश्वास जीतने पर केंद्रित थी। इसके साथ हमारा काम था अपनी जिम्मेदारी के इलाके से आतंकवादियों का खात्मा। नए जवान, नया इलाका और नए लोगों से खुद को जोड़ना तथा उनका विश्वास जीतना मेरा पहला काम था। ट्रेनिंग पर विशेष ध्यान रखते हुए अपने सीनियर्स से कश्मीर के बारे में पूछता रहता था।

मैं जानता था कि कश्मीर में कई तरह के उपद्रवी हैं, जो आम जनता को

फौज के खिलाफ भड़काने का काम भी करते हैं, ताकि उनका काम आसान हो जाए। तभी मैंने गाँठ बाँध ली थी कि इस बात को याद रखना है और सभी का विश्वास जीतकर आगे बढ़ना है।

मैं मानता हूँ कि जो काम सच्चे मन से किया जाता है, वह सदैव सफल होता है। अपने दृढ़ संकल्प और कार्य से मैंने अपनी प्लाटून में अपने सीनियर और साथियों का विश्वास जीत लिया। मुझे काम करने में कोई हिचकिचाहट नहीं होती थी, क्योंकि मैं सही मायने में प्लाटून को अपना घर मानता था। जैसे घर में बड़ों का आदर और छोटों को प्यार देना हमारी हिंदुस्तानी संस्कृति है, वैसे ही मैं प्लाटून में भी करता था।

घर पर मेरा काम ही क्या था! घर के आँगन को साफ करना, पीने के लिए मटको में पानी भरना आदि। सेना में पहले यही परंपरा थी—जो प्लाटून में जूनियर जवान या नया जवान आता था, उसको प्लाटून का सारा काम करना पड़ता था। मैं तो वैसे ही गाँव में इतना काम करता था तो यह काम मेरे लिए कोई भारी नहीं था।

एक नए जवान का सुबह का सबसे पहला काम होता था, सबसे पहले उठकर लंगर से केतली में चाय लाकर पूरी प्लाटून को चाय पिलाना। उसके बाद प्लाटून के जिम्मेदारी के सारे इलाके को साफ करना और मटकों में पीने का पानी भरना। हाँ, मैं यह बता दूँ कि अगर आप सोच रहे हैं कि कोई सिपाही यह सब करने के लिए नहीं बनता, तो यह सत्य है। परंतु यह काम कोई सजा नहीं होती थी, बल्कि एक नए जवान को प्लाटून के हर शख्स से जोड़ने का, सबके बीच प्रेम और विश्वास पैदा करने का तथा सभी का उसको सहयोग प्राप्त हो, यह सुनिश्चित करने का एक आजमाया हुआ तरीका था। एक अच्छा टीमवर्क पैदा करना बेहद

जरूरी होता है, क्योंकि प्लाटून कंपनी भी एक टीम ही तो है।

अगर प्लाटून एक अच्छी टीम के रूप में काम करेगी तो दूसरी प्लाटूनों में भी कंपटीशन की भावना बढ़ जाएगी। जब दो प्लाटूनों में कंपटीशन की भावना बढ़ती है, कंपनी अपने आप यूनिट में शिखर पर पहुँच जाती है। इसी संस्कृति और संस्कार में नए जवान से यह सब कार्य कराया जाता है। इसके साथ-साथ नए जवान की स्किल्स, योग्यता, क्षमता और सक्षमता का भी प्लाटून हवलदार को पता चल जाता है।

इतना ही नहीं, काम करने से एक नए जवान की मानसिक और शारीरिक क्षमता का भी पता चलता है। उसके हाव-भाव से उसके व्यवहार, विचार और रवैए का भी आभास हो जाता है। मुझे मेरे व्यवहार, विचार और रवैए ने अपनी प्लाटून का एक अटूट हिस्सा बना दिया था। वह मेरे पेशेवर जीवन की सफलता की पहली सीढ़ी का प्रतीक बन गया।

महीने भर की ट्रेनिंग के पश्चात् यूनिट को कश्मीर में पोस्ट कर दिया गया। वहाँ पर भी कंपनी को अलग-अलग गाँव में डिप्लॉय किया गया। हर कंपनी को अलग जिम्मेदारी का इलाका सौंपा गया। हमारी कंपनी को भी एक गाँव के सरकारी स्कूल में डिप्लॉय किया गया। उस समय हमारी कंपनी के कमांडर मेजर राजीव कुमार थे और कंपनी 2IC[5] कैप्टन आई.आर. एस. (IRS) राठौर। उनके नेतृत्व में कंपनी में अलग-अलग सीनियर्स और अनुभवी हवलदारों, सूबेदारों और नायब सूबेदारों की टीम बनाई गई। वह सब अपने-अपने जिम्मेदारी के इलाके में आम जनता को सुरक्षा का विश्वास और आतंकवादियों के सपोर्ट का पता लगाने का काम कर रही थी।

यह काररवाई कई महीनों तक चलती रही और हमारी कंपनी ने इस काम

5. *सेकेंड-इन-कमांड।*

में काफी सफलता हासिल की। उसका असर यह हुआ कि आतंकवादियों की खुली मूवमेंट बंद हो गई। यह देखते हुए इस पूरे कार्य को हमने अपने जीवन की दिनचर्या बना लिया। कभी रात भर बाहर रहना, कभी दिन भर कैंप में बाहर रहना—अब इस कार्यशैली में आनंद आने लगा। धीरे-धीरे मैंने भी उस कार्यशैली और संस्कृति में अपने आप को रमा लिया।

□

जीवन के नए अध्याय की शुरुआत

जैसाकि मैंने बताया, बटालियन को कश्मीर के अलग-अलग क्षेत्रों में डिप्लॉय किया गया था। अपनी मिली हुई जिम्मेदारी के इलाके को हर कंपनी पूरी जवाबदारी के साथ निर्वाह कर रही थी। हमको अनेक तरह के कार्य सौंपे गए, जिनको हमारी यूनिट ने बड़ी ही हिदायत से निभाया और पूरा किया। फिर चाहे वह आर्मी गाड़ी की सुरक्षा की ड्यूटी हो या कश्मीर में इलेक्शन ड्युटी तथा अमरनाथ यात्रा की सुरक्षा की जिम्मेदारी, इन सभी कार्यों में यूनिट ने अव्वल दर्जे का कार्य किया।

यों ही धीरे-धीरे समय व्यतीत होता चला गया। अब वर्ष 1999 आ गया था। हम जो नए जवान थे, उन्हें जनवरी की शुरुआत में दो महीने की छुट्टी पर भेज दिया गया।

मुझे याद है, जब छुट्टी के लिए कंपनी कमांडर मेजर राजेश अधिकारी के सम्मुख साक्षात्कार करने के लिए गए तो उन्होंने मुझसे पूछा, "कितने दिन की छुट्टी पर जा रहा है?"

मैंने कहा, "साहब, साठ दिन की छुट्टी पर जा रहा हूँ।"

तो उन्होंने कहा, "तीस दिन की चला जा, नहीं तो आने के बाद कहेगा कि साहब, शादी की छुट्टी दे दो।" वे मुसकराने लगे।

मैंने साफ कर दिया, "साहब, अभी शादी नहीं करनी है।"

बात आई-गई हो गई और हम सब घर के लिए निकल पड़े। मैं नहीं जानता था कि यह छुट्टी मेरे जीवन में काफी कुछ बदलकर रख देगी।

~✤~

जब मैं घर पहुँचा, तो जनवरी की कड़कड़ाती ठंड भी मुझे कम लगी, आखिर मैं कश्मीर से लौटा था। घरवालों ने खूब प्यार से आवभगत की। बहुत से सवाल भी पूछे और ढेर सारा मनपसंद खाना भी खिलाया।

मैं खेतों के काम में हाथ बँटाता, अपने दोस्तों के साथ घूमता और रातों को खूब बातें चलतीं। उन्हीं दिनों में मेरे लिए शादी के बहुत से रिश्ते भी आए। मैं समझ नहीं पा रहा था कि अचानक क्या हो गया, मगर मेरे पास सरकारी नौकरी थी तो शायद लोग मुझे अब 'सेटल्ड' समझने लगे थे।

गाँव में आज भी यही चलन है कि लड़के की नौकरी लगी नहीं कि उसकी शादी को लेकर लोग चक्कर लगाने लग जाते हैं। लड़के के घरवाले शादी के लिए यदि मना करने लगें तो यही कहा जाने लगता है कि लड़केवालों की 'माँग' बढ़ गई है। यहाँ माँग का मतलब दहेज से है। मैं मानता हूँ कि पश्चिमी उत्तर प्रदेश और हरियाणा में दहेज की माँग बहुत ज्यादा है और ऐसे लोगों का दहेज माँगने का तरीका भी बड़ा कमाल का है। कहेंगे, "रिश्ता एक रुपए का है और जो आप अपनी बेटी को दे देंगे, वह हमारे सिर-माथे पर।" ऐसे में लड़की का परिवार सोचता ही रह जाता है कि क्या-क्या माँगें मन में होंगी।

वह सब तो है, लेकिन कुछ परिवार आज भी ऐसे हैं, जो बिना लेन-देन के शादी कर लेते हैं और असल तरीका तो यही है। जो अपनी बेटी, अपने कुल का गौरव आपको दे रहा है, उससे और कोई माँग होनी ही नहीं चाहिए।

खैर, इतने रिश्ते आने पर और बहुत बातें होने पर, पिताजी ने एक रिश्ता पक्का कर दिया। अब जो रिश्ता पक्का किया, तो लड़कीवाले मुझे देखने के लिए आए।

एक सुबह मैं खेत से पशुओं का चारा लेने गया हुआ था। जब बैलगाड़ी घर के सामने खड़ी की तो मेरे बड़े भाई का बचपन का दोस्त मेरे पास आया और बोला, "लड़कीवाले तुझे देखने आए हैं।" वही मेरा रिश्ता करा रहा था, क्योंकि वह लड़की उसकी पत्नी की ममेरी बहन थी। आज वही लड़की मेरी धर्मपत्नी है।

उस वक्त तो दोस्त ने कहा, "जल्दी से तैयार हो जा और छत पर आ जा।"

मैंने खुद को देखा, कीचड़ में पूरा सना हुआ था। वहीं रसोई के सामने नल चलाकर हाथ-पैर धोए और छत पर चला गया। ऊपर पहुँचकर देखा, चार-पाँच लोग बैठे हुए हैं—लड़की के दादाजी, पिताजी और चाचाजी तथा गाँव के एक-दो और लोग बैठे हुए थे।

मैंने सभी को 'राम-राम' कहा और उनके पास बैठ गया। कुछ देर बाद उन्होंने मेरा एक-एक करके इंटरव्यू लेना शुरू किया। मैं उनके तमाम सवालों के जवाब देता रहा। जब उनके सवाल खत्म हुए, वह आपस में धीरे-धीरे कुछ बात करने लगे। तभी मेरे पिताजी ने मुझे जाने के लिए कहा। मैं नीचे आ गया, और कुछ देर बाद सभी को चाय-नाश्ता कराया।

नाश्ते के बाद लड़की के चाचा ने मुझे अलग से बुलाकर कहा, "आपकी क्या इच्छा है ? किसी गाड़ी को पसंद करते हो ?"

मैंने उनकी तरफ एकटक देखा और हाथ जोड़कर कहा, "मेरी कोई इच्छा नहीं है। और इस धरती पर कोई इनसान किसी की इच्छा पूरी नहीं कर सकता। यह सब तो भगवान् के हाथ में है। न मुझे कोई गाड़ी चलानी आती है सिवाय साइकिल के।"

इतनी बात हो जाने के बाद मैं उन्हें नमस्ते करके वापस चला गया। उसके बाद पिताजी से उनकी क्या बातें हुईं, मैं नहीं जानता। लेकिन दो-तीन दिन बाद पता चला कि उस लड़की के साथ 5 मई को मेरी शादी निश्चित कर दी गई है।

मैंने लड़की को अभी तक नहीं देखा था, न बातचीत की थी, पर गाँव में ऐसा ही चलन है। जो घर के बड़े आपके लिए सोचें, वह सर-आँखों पर।

~✤~

छुट्टी पूरी करके वापस लौटने का समय भी आ गया। माँ और पिताजी ने खुशी से विदा किया कि अगली बार जब मैं लौटूँगा तो शादी की शहनाइयों का समय होगा।

फिर बस और ट्रेन का सफर तय करके वापस पहुँचा। जब रिपोर्ट करने गया तो कंपनी कमांडर से साक्षात्कार हुआ। मैंने उन्हें सब बता दिया, "साहब, मेरी शादी पक्की हो गई है।"

वे चुप रहे और मुझे देखते रहे। "5 मई की तारीख निकली है, सर!"

उन्होंने झट से कहा, "मैंने कहा था न कि अभी तीस दिन की छुट्टी पर चले जाओ। अब मई में कितने दिन के लिए जाओगे?"

मैं उनकी बात का क्या जवाब देता, क्योंकि उन्होंने यह कहा तो था। मैंने कहा, "साहब, बीस दिन की छुट्टी दे देना, बहुत है।"

फिर हम सभी अपने मिले हुए कामों में व्यस्त हो गए। मैंने अभी तक

उस लड़की का फोटो भी नहीं देखा था, जो मेरी जीवनसाथी बननेवाली थी। देखना तो बहुत दूर की बात थी, न मोबाइल थे, न घर का पता कि चिट्‌ठी लिखकर ही कुछ बात हो जाए।

उस वक्त सिर्फ मन में अहसास होता था—वह ऐसी होगी, वैसी होगी। बस यही सोचते-सोचते मई माह भी आ गया। मुझे 30 अप्रैल को ही छुट्‌टी पर भेज दिया गया और मैं 1 मई को घर पहुँच गया।

> ***आशा और विश्वास का जवाब नहीं होता।***
> ***वे अनिश्चितता और सबसे बुरे वक्त से निकलने में***
> ***आपकी मदद करते हैं।***

□

कश्मीर में यूनिट का योगदान

कश्मीर के अलग-अलग हिस्सों में यूनिट का मूवमेंट होता रहा। दिन-रात हम गश्त लगाते, बहुत मेहनत करते, परंतु काम के पहले 89 महीने में यूनिट को कोई कामयाबी नहीं मिली। दूसरी यूनिट की खबर सुनते थे कि उस यूनिट ने आज इतने आतंकवादी मारे हैं, इतने को ढेर किया है, लेकिन हमारा आतंकवादियों से सामना नहीं हो पा रहा था। हमने अपनी कमजोरियों को पहचानना शुरू किया कि हमें क्यों आतंकवादी नहीं मिल रहे हैं। शायद हमारा खबरियों का नेटवर्क अच्छा नहीं है और आम जनता के विश्वास को हम पर और बढ़ाना होगा। कश्मीर में आतंकवादी बिना लोकल सोर्स के काम नहीं कर सकते तो हमारा काम भी आम नागरिकों के सहयोग के बिना बेहद कठिन था।

आतंकवादियों की लड़ाई एक अलग ही लड़ाई है, क्योंकि दुश्मन अपने नागरिकों की वेशभूषा, भाषा और उन्हीं के बीच रहता है। पता ही नहीं चलता कि कौन आतंकवादी है और कौन आम नागरिक। यह सेना के लिए बड़ा कठिन काम है कि आम नागरिक की हिफाजत भी करनी है और आतंकवादियों का खात्मा भी करना है।

यूनिट की नौ महीने की कड़ी मेहनत और अथक प्रयासों के बाद अक्तूबर या नवंबर का महीना था, जब हमारी बटालियन ने एक गाँव का 'कॉर्डन ऐंड

सर्च ऑपरेशन' किया, जिसमें पहली बार आतंकवादियों के साथ मुठभेड़ हुई। मुझे याद है कि मैं उस समय छुट्टी से आया था, तो कंपनी पहुँचने के एक रात बाद ही यह ऑपरेशन लॉन्च हुआ था। उस ऑपरेशन में मैंने रॉकेट लॉन्च कैरी किया था।

शाम के समय, कंपनियों से तीन-तीन टीमों ने उस गाँव के लिए प्रस्थान किया और लगभग रात के दो बजे उस पूरे गाँव की घेराबंदी कर ली। सुबह होने पर हमारी यूनिट के उप-कमान अधिकारी लेफ्टिनेंट कर्नल विश्वनाथ साहब ने हमें लीड किया, क्योंकि कमान अधिकारी छुट्टी पर थे।

उन्होंने गाँव की मसजिद से अनाउंसमेंट कराया—"तमाम गाँववाले गाँव से बाहर निकल आएँ। आपके गाँव को सर्च करना है।"

अभी यह अनाउंसमेंट चल ही रहा था कि मसजिद के बगलवाले घरों से फायरिंग शुरू हो गई। वह मेरे जीवन का पहला लाइव एनकाउंटर था। दनादन दोनों तरफ से गोलियाँ चलने लगीं। जैसे-तैसे करके गाँव के तमाम नागरिकों को गाँव से बाहर निकाला। आतंकवादी उस मकान से निकलकर कहाँ छुप गए, पता ही नहीं चल रहा था। पूरा दिन अलग-अलग टीम बनाकर पूरे गाँव को सर्च करते रहे। हर एक घर को तलाश किया, लेकिन कहीं उन आतंकवादियों का सुराग नहीं मिला।

शाम होते-होते हमारे कुछ जवान उस घर के बाहर रखे एक बेकार सामान के ढेर को सर्च करने लगे। तभी पुआल के ढेर में छुपे बैठे आतंकवादियों ने अंधाधुंध गोलियाँ चला दीं, जिसमें मेरी यूनिट के दो जवान शहीद हो गए।

उस आतंकवादी को तो वहीं मार गिराया गया, लेकिन हमारी यूनिट को उसकी भारी कीमत चुकानी पड़ी। हमने तीन दिन तक उस गाँव को घेरे रखा, किसी को गाँव में नहीं जाने दिया। गाँववालों के लिए खाने और रहने की व्यवस्था भी कर दी गई थी, क्योंकि वे अपने घर से दूर थे।

उन छिपे हुए आतंकवादियों में शायद कुछ कमांडर लेवल के भी थे। तीन दिन तक वे लोग गाँव में किसी-न-किसी जगह छुपे रहे, मगर अब उनको

खिलाने-पिलानेवाला कोई नहीं था, तो उन्होंने वहाँ से अपने पहचान के किसी रसूकवाले नेता को फोन पर कहा कि गाँव में हम फँस गए हैं और फौज को हटवाने की जरूरत है।

यह तो आप समझ सकते हैं कि नेताओं और आम जनता के सहयोग से उग्रवाद और आतंकवाद पनपता है और बढ़ता भी है। कुछ अधिकारियों से फोन करवाए गए, और अंत में फौज को वहाँ से हटा दिया गया। जब हम वापस अपनी यूनिट की तरफ जा रहे थे तो मेरे मन में आया कि किसी भी हाल में फौज का अनुशासन कितना पक्का है। सब अपने सीनियर्स के आदेशों का हर हाल में पालन करते हैं। यह जानते हुए भी कि आतंकवादी अंदर हैं, हमें वहाँ से हटना पड़ा।

दो-तीन दिन बाद हमारी यूनिट ने उस इलाके के टॉप कमांडर बाबर और उसके तीन साथियों का खात्मा कर दिया। वह हमारे लिए अपने उन साथियों का ऋण भी था, जिन्होंने वहाँ अपनी जान गँवाई थी।

उसके बाद तो जहाँ भी यूनिट का ऑपरेशन हुआ, वहीं आतंकवादियों को ढेर कर दिया। शुरुआत में यूनिट की कैजुवल्टी तो हुई, हमने अपने कुछ साथी खो दिए, लेकिन उससे सबक लेकर हमने बहुत सारे सफल कॉर्डन ऐंड सर्च ऑपरेशन किए। हमने उन सबमें बड़ी सफलता प्राप्त की और यूनिट का नाम रोशन हुआ। यह सिलसिला लगातार चलता रहा।

> ***मैं सोच रहा था कि क्या हमारे छोटे-छोटे प्रयास और हमारी सहायता कश्मीर के लोगों का भाग्य बदल सकती है। फिर मुझे एहसास हुआ, धीरे-धीरे ही सही, लेकिन हम उनके जीवन को लगातार बदल रहे हैं। और इतनी प्रेरणा ही काफी थी।***

□

मैं जब भी छुट्टियों में घर आता तो खेती में भी हाथ बँटाना पड़ता था

सेना में शामिल होने के कुछ ही दिनों बाद

युद्ध की तैयारी

मुश्किल वक्त, सेना के जवान सख्त

तत्कालीन सेनाध्यक्ष जनरल वी.पी. मलिक कारगिल युद्ध के दौरान हमारी यूनिट के जवानों का हौसला बढ़ाते हुए

साथी जवानों के साथ आनेवाली कठिन लड़ाई की तैयारी करते हुए

कब्जेवाले इलाके पर पुनर्विजय के लिए युद्ध के हथियारों को तैयार करते हुए

घायल सैनिकों को वापस बेस कैंप में लाते हुए

तोलोलिंग की चोटियों पर फिर से विजय

जीत के बाद यूनिट लंगर

18 ग्रेनेडियर्स के कमान अधिकारी कर्नल खुशाल सिंह ठाकुर (अब ब्रिगेडियर, रिटा.) तोलोलिंग पर विजय के बाद मीडिया को संबोधित करते हुए

टाइगर हिल का हीरो

देश की सेवा के लिए ठंड और अन्य सभी चुनौतियों का सामना करते हुए

चोटियों पर अपनी-अपनी पोजिशन सँभाले जवान

युद्ध में वीरगति प्राप्त करने वालों
का सम्मान करते हुए

18 ग्रेनेडियर्स के वीर जवान अपने
सी.ओ. कर्नल खुशाल ठाकुर के साथ

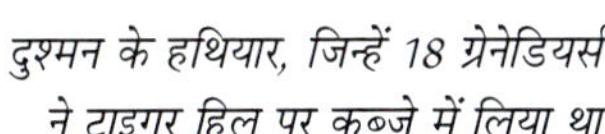

दुश्मन के हथियार, जिन्हें 18 ग्रेनेडियर्स
ने टाइगर हिल पर कब्जे में लिया था

भीषण लड़ाई के बाद टाइगर हिल पर तिरंगा लहराते हमारे जवान

परमवीर चक्र

तत्कालीन राष्ट्रपति श्री के.आर. नारायणन मुझे प्रतिष्ठित परमवीर चक्र प्रदान करते हुए

परमवीर चक्र के लिए जब मेरा नाम घोषित किया गया, तब मैं अस्पताल में अपने जख्मों से उबर रहा था

दिल्ली के सेना अस्पताल में स्वास्थ्य लाभ में बहुत लंबा समय लगा; तभी की एक तसवीर

सेना द्वारा किया गया सम्मान

राइफलमैन संजय कुमार (परमवीर चक्र), ग्रेनेडियर योगेंद्र सिंह यादव (परमवीर चक्र) और ले. बलवान सिंह (महावीर चक्र) (बाएँ से दाएँ)

कारगिल युद्ध के समय मेरे सी.ओ. रहे कर्नल खुशाल ठाकुर के साथ

15 अगस्त, 2021 को भारत के माननीय राष्ट्रपति महोदय द्वारा मुझे कैप्टन का मानद पद दिया गया

लेफ्टिनेंट जनरल राजीव सिरोही, सैन्य सचिव और ग्रेनेडियर्स के कर्नल ने मुझे रैंक बैज प्रदान किए

नई दिल्ली के राष्ट्रीय युद्ध स्मारक में मेरी प्रतिमा

दिसंबर 2021 में अपनी सेवानिवृत्ति पर मुझे सबका ढेर सारा प्यार मिला

अपनी माताजी (बीच में), पत्नी (दाएँ) और बेटों के साथ

नई शुरुआत

बरेली स्थित जूनियर लीडर्स एकेडमी में अपनी सेवा देने के बाद मुझे खुशी है कि मैं अब एक प्रेरक वक्ता और चेंज मेकर की भूमिका निभा रहा हूँ

भाग–3

कारगिल वार

कश्मीर के लोगों की परेशानियाँ

कश्मीर एक बेहद खूबसूरत जगह है, मगर जैसे हर सुंदर चीज को बुरी नजर से बचाना पड़ता है, कश्मीर में भी यह सत्य है। मुझे भी कश्मीर के लोगों के लिए बुरा लगता था, मुख्य रूप से वे जो एक सीधा, सरल जीवन जीना चाहते हैं।

अपने ऑपरेशंस के चलते, जब हम किसी गाँव में आतंकवादियों को पकड़ने के लिए तलाशी अभियान चलाते थे तो सिविलियन की सुरक्षा करना हमारा सबसे पहला कर्तव्य होता था। सबसे पहले गाँव के लोगों को गाँव से बाहर निकाला जाता था और फिर गाँव के कुछ जानकार लोगों को साथ लेकर गाँव के घर-घर की तलाशी ली जाती थी।

अगर कोई छोटा गाँव हो तो शाम तक तलाशी का काम पूरा हो जाता था, लेकिन गाँव बड़ा होने पर और आतंकवादियों के साथ मुठभेड़ की नौबत आ जाने पर तलाशी ऑपरेशन दो से तीन दिन तक चलता था। उस दौरान गाँव के बुजुर्ग, महिलाओं, बीमार लोगों और बच्चों की सुरक्षा तथा देखभाल की जिम्मेदारी सैनिकों के कंधों पर होती है।

गाँववाले इस सबसे काफी परेशान होते थे, क्योंकि उनकी जिंदगी तो मानो थम सी जाती है। उनका रोज-रोज ऐसा हाल देखकर हम कहते थे, "आप क्यों इन आतंकवादियों को अपने घरों में पनाह देते हो?"

जवाब सबका एक ही होता था, "साहब, आपको अगर इनके बारे में नहीं बताएँगे तो आप सिर्फ हमको गालियाँ देंगे और थप्पड़ ही तो मारेंगे। लेकिन अगर इन लोगों को घर में शरण देने से मना किया, उनकी सूचना फौज को दी या उनको पता लग गया कि हमने सूचना दी है तो साहब, हमारे पूरे परिवार को मार देंगे। अपने बच्चों को अपनी आँखों के सामने कौन मरता देख सकता है। आप ही बताओ, हम क्या करें?"

जब उनकी ऐसी बातें सुनता था तो सोचता था कि यदि हमारे परिवार इनकी जगह होते तो शायद यही हमारे बड़े-बुजुर्ग भी हमारे लिए करते। उनकी बातें सब सच भी थीं। आप खुद सोचिए, फौज का सैनिक उनके घरों में पहरा तो दे सकता है और उन लोगों को फौज पर विश्वास और भरोसा है। पर उनको यह अहसास भी है कि वे हमारे साथ चौबीस घंटे, सातों दिन नहीं रह सकते।

ज्यादातर लोकल रसूखदार लोगों का—जिनका उस गाँव के क्षेत्र में वर्चस्व होता था—कहीं-न-कहीं आतंकवादियों से सहयोग रहता है। उसके बिना इतना आतंकवाद फैलना मुमकिन नहीं है।

जनता की दयनीय दशा के चलते हम पूरी कोशिश करते थे कि उन्हें नुकसान पहुँचाए बिना आतंकवादियों का खात्मा हो जाए।

मैंने सेवा के शुरुआती दौर में देखा और महसूस किया कि आतंकवादियों को पनपने के लिए जिन चीजों की आवश्यकता होती है, वह आज भी है। किसी भी चीज को फलने-फूलने का वातावरण होने की आवश्यकता है।

तभी वह फल-फूल सकती है और अपना वर्चस्व कायम कर सकती है। इसके लिए जरूरी है—

1. स्थानीय लोगों का सहयोग
2. भौगोलिक स्थिति यानी छुपने की जगह
3. पैसा
4. भागने के लिए रास्ते और साधन

ये चारों चीजें आज भी वहाँ पर मौजूद हैं। मेरा पक्का मानना है कि अगर वहाँ पर स्थानीय लोग उग्रवादियों को सहयोग देना बंद कर दें और पैसों पर अंकुश लग जाए तो कश्मीर ही नहीं, बल्कि पूरी दुनिया ही आतंकवाद से मुक्त हो सकती है। मैं यह भी जनता हूँ कि यह असंभव है, क्योंकि जैसे-जैसे दुनिया, देश, समाज उन्नति और विकास कर रहा है, वैसे-वैसे देश, समाज के लोग अपने-अपने विकास और उन्नति के लिए स्वार्थी होते चले जाते हैं। समाज का एक बड़ा वर्ग इस उन्नति और विकास के रास्ते में पीछे रह गया है। उनको अपना और अपने बच्चों का पालन-पोषण करना मुश्किल हो गया है। यह तो कोई नई बात नहीं है कि दुनिया के न जाने कितने लोग हैं, जिनको एक वक्त की रोटी भी नसीब नहीं हो पाती और यही वर्ग रसूखदार लोगों के नीचे दब गया है, वह भी केवल अपना पेट भरने की खातिर। इस वर्ग के लोगों का इस्तेमाल रसूखदार अपने हिसाब से करते हैं, तभी दुनिया का हर देश आतंकवाद की गिरफ्त में आता चला जा रहा है।

अगर सभी देशवासियों के लिए शिक्षा, भोजन, घर और चिकित्सा का सही प्रबंध सुनिश्चित हो जाए, सभी को सम्मान और न्याय मिले तो बहुत हद तक देश इस आतंकवाद की बीमारी से मुक्त हो जाएगा।

लेकिन समाज में कितने ऐसे लोग हैं, जो विकास की राह में पीछे रह गए लोगों को अपने बराबर खड़ा करने का प्रयास करते हैं?

हम सब बस अपना और अपने परिवार का विकास चाहते हैं। रईस लोग नीचेवाले लोगों का उत्थान क्यों चाहेंगे? अगर दबा हुआ वर्ग उठ गया तो उनकी मशीनरी को कौन चलाएगा? वे कभी नहीं चाहेंगे कि उनकी मशीनरी, कल-कारखाने बंद हो जाएँ। शायद इसलिए स्वार्थ और जरूरतों का यह चक्का चलता चला जाता है।

दुनिया इस अमीरी-गरीबी के अंतर को कभी नहीं भरेगी। ज्यादातर नेता, नौकरशाह, बड़े पदों पर आसीन अधिकारी, कंपनियों के मालिक और रसूखदार लोग बस अपने वर्चस्व को कायम रखना चाहते हैं और उसको कायम रखने में लगे हुए हैं। हाँ, कुछ ऐसे भी हैं, जो दूसरों के उत्थान का काम सहज भाव से करते हैं, मगर उनकी संख्या काफी कम है।

हम जब इस दुनिया में आते हैं तो सिर्फ एक इनसान के रूप में ही आते हैं। लेकिन जैसे-जैसे बड़े होते चले जाते हैं, जो देखते रहते हैं, सुनते रहते हैं, उससे अपने जीवन को बदलते हैं। देश, धर्म, जाति, क्षेत्र, अमीरी, गरीबी की छाप हमारे मन-मस्तिष्क में अंकित होती चली जाती है। जब यह सब हमारे अवचेतन मन में अंकित होता चला जाता है, हमारे विचार उपजने लग जाते हैं। फिर जैसा हमारा विचार होगा, वैसा ही व्यवहार होता चला जाता है। यही सोच-विचार, व्यवहार हमारे जीवन की कार्यशैली का निर्माण करते हैं।

आप ही बताइए, अगर जन्मों से हमने स्वार्थ और अपने लिए सब सँजोने की बातें ही सुनी हैं, ऐसे ही लोगों की तरक्की देखी है तो कैसे हम दूसरों के उत्थान के बारे में विचार उत्पन्न कर पाएँगे?

पूरा वातावरण नफरत और स्वार्थी से भर गया है। यही नफरत, अन्याय, स्वार्थीपन अमीरी और गरीबी को बढ़ावा दे रहा है। यही अंतर आतंकवादियों को बढ़ने में मदद कर रहा है। समाज के बुद्धिजीवी वर्ग को इस पर विचार करने की आवश्यकता है।

कश्मीर के लोगों की परेशानियाँ

मैंने देखा है कि किस तरह वहाँ के युवाओं को धर्म के नाम पर, जिहाद के नाम पर बरगलाया जाता है। बहुत लोग यह नहीं जानते, मगर भारतीय फौज कश्मीर में 'ऑपरेशन सद्भावना' चला रही है, जिसके माध्यम से स्कूल के छात्र-छात्राओं को देश के विभिन्न हिस्सों में एजुकेशनल टूर के लिए ले जाया जाता है। इसका मकसद यही है कि वे बच्चे देश की मुख्यधारा को समझ सकें और जो उनकी सोच सिर्फ कश्मीर तक ही है, उनको अहसास दिलाया जा सके कि यह देश कश्मीर से लेकर कन्याकुमारी तक, पश्चिम से लेकर पूर्वोत्तर तक हमारा ही है। जब हम पूरे देश को अपना घर समझेंगे, उसको आगे बढ़ाने के सपने देखेंगे, परिवर्तन तो तभी आएगा।

इस ऑपरेशन सद्भावना के चलते समय-समय पर स्कूलों में खेलकूद के प्रोग्राम भी चलाए जाते हैं। बच्चों की प्रतिभा को आगे बढ़ाना उनके लिए नए रास्ते खोलने का एक मजबूत तरीका है। मैं तो दिल से मानता हूँ कि खेल-कूद बच्चों में, खिलाड़ियों में एक सकारात्मक सोच को विकसित करते हैं। हम कश्मीरी युवाओं को प्रोत्साहित कर पाते हैं सशस्त्र बलों में भर्ती के लिए और यह सुनिश्चित करने में कि वे धार्मिक कट्टरपंथियों के चंगुल में न फँसें। राष्ट्र-सेवा में अपना योगदान देने से ही उनके, उनके परिवार और राज्य की उन्नति संभव है।

मुझे याद है, जब हम कश्मीर के कुपवाड़ा जिले में तैनात थे तो सेना में भर्ती करने के लिए जवानों की तैयारी करनी थी। हमने आसपास के नौजवानों को बुलाया, उनकी शारीरिक और लिखित परीक्षा की तैयारी का अभियान शुरू किया। उस दौरान कभी-कभी जब उनसे पूछते थे कि आप कभी पाकिस्तान गए हो, कई लड़के बताते थे कि वे कई बार गए हैं और उनके गाँव का कोई लड़का लेकर गया था।

शुरुआत में मैं हैरानी से पूछता था, "आपको डर नहीं लगता पाकिस्तान जाते हुए?"

उनके जवाब से मुझे और ज्यादा हैरानी होती थी। "नहीं सर, उस लड़के को मालूम होता था, कहाँ-कहाँ पर फौज होती है और कहाँ-कहाँ से जल्दी-से-जल्दी हम पाकिस्तान के गाँव में पहुँच जाएँगे। पाकिस्तानी सैनिकों को तो वे अच्छे से जानते हैं, कोई कुछ नहीं बोलता सर!" शायद मेरे हाव-भाव से वह भाँप गया था कि मैं हैरान हूँ तो आगे उसने बताया, "सर, जैसे हमारी दुकानों पर राशन मिलता है, वहाँ पर ए.के.-47 मिलती है।"

वह चार-पाँच लड़कों का ग्रुप था, जिसमें से एक लड़का ही भर्ती हुआ था। वहाँ के लड़के फौजी बनने से डरते थे, क्योंकि हर गाँव से एक या दो आतंकवादी भी होते ही हैं। जैसे ही उन्हें पता चलता था कि उस घर का लड़का फौज में भर्ती हो गया है तो उसके घरवालों को परेशान करना शुरू कर देते थे। इसलिए वहाँ के युवा फौज में नहीं जाना चाहते थे।

जिस लड़के को हमने भर्ती कराया था, वह भी जब छुट्टी मिलती थी तो भी ज्यादातर यूनिट में ही रहता था।

इन इलाकों के लोग भी इन उग्रवादियों के इशारों पर ही नाचते हैं। आतंकवादी जो कर रहे हैं, लोगों के मन-मस्तिष्क में वह अच्छा कार्य है। जान के खतरे के अलावा उन्हें पैसों की मदद भी इन लोगों से मिल जाती है। जो कुछ हो जाए, वे कभी नहीं बताएँगे कि उनके घर रात को आतंकवादी आए और रुके थे।

एक बार हम रात को गश्त लगाते हुए आतंकवादियों का वेश बनाकर एक गाँव में गए। एक घर का दरवाजा खटखटाया तो घर के बुजुर्ग ने दरवाजा खोला। हम चार-पाँच थे, जिसमें एक कश्मीरी भाषा का जानकार भी था। उस बुजुर्ग ने तुरंत हमको घर के अंदरवाले कमरे में बिठाया और हमारे खाने-

पीने का बंदोबस्त करने लगे। घर के सभी सदस्य जाग गए और हमारी ऐसी आवभगत करने लगे, जैसे उनका सबसे प्रिय रिश्तेदार घर आया हो। पूरी रात उन्होंने हमारी खूब सेवा की, फिर सुबह करीब चार बजे हमको घर से जाने के लिए कहा। हम भी वहाँ से निकल आए।

अगली दोपहर को उसी घर में गए और पूछा, "यहाँ पर कोई रात को आया था क्या?"

उसी बुजुर्ग ने तुरंत मना कर दिया। यही नहीं, अल्लाह की कसम खाने लगे कि यहाँ कोई नहीं आया था।

हमको अहसास हुआ कि ये लोग आतंकवादियों के कितने बड़े भक्त हैं! या फिर इनके मस्तिष्क में कैसा खौफ—या उनके लिए प्यार—भरा हुआ है। कुछ भी हो जाए, ये लोग नहीं बताएँगे।

और तो और, जब कोई आतंकवादी मारा जाता था तो उसके जनाजे में लोगों की इतनी भारी भीड़ उमड़ती थी, जैसे किसी सैनिक के शहीद होने पर उमड़ती है। औरतें और लड़कियाँ इतनी बुरी तरह से रोती थीं, जैसे उनका कोई चहेता गुजर गया हो।

यही माहौल, यही सहयोग तो आतंकवादियों को मजबूत बनाता है।

यह सोच मानवता की उन्नति और शांति के लिए खतरनाक है। जब समाज में लोग सही और गलत का फर्क समझने लगेंगे और उनके खिलाफ खड़े होंगे तो बुराई स्वयं ही समाप्त हो जाएगी। अभी हमारे स्वर्ग के समान सुंदर कश्मीर में यही तो हो रहा है। धर्म के कट्टरपंथी वहाँ के भोले-भाले लोगों के दिमाग में नफरत के बीज बोते हैं तो वहाँ शांति कैसे रह सकती है?

कैसे वे लोग नफरत के भाव लेकर देश की मुख्यधारा में जुड़े रहेंगे?

पूरी दुनिया एक समान है, कोई फर्क नहीं है, सिवाय मनुष्य की नफरतवाली सोच के। संपूर्ण जगत् के जीव-जंतुओं और पशु-पक्षियों को नहीं

पता कि वे किस देश में दाना चुगते हैं, किस देश में रहते हैं। बस वे यह जानते हैं कि आसमान के नीचे जो जमीन है, वह सुंदर है और हमारी है।

एक बार मैं एक पोस्ट पर बैठा हुआ था अपने दोस्तों के साथ। वहाँ कुछ बंदर भी थे और उस पोस्ट से नीचे करीब दो-तीन किलोमीटर पर पाकिस्तान का एक गाँव था। वहाँ उस समय मक्के की फसल उगी हुई थी। मैंने देखा, एक बंदर नीचे गया और मक्के के खेत से भुट्टे तोड़कर ले आया। उसे वह हमारे पास बैठकर ही खाने लगा। तब मेरे मन में विचार आया, देखो इस बंदर को! न कोई डर, न किसी सीमा की खबर। किस देश से बुलाया और किस देश में बैठकर खा रहा है, उसे कोई फिक्र नहीं।

वहीं से एक नदी भी बह रही थी, जिसका पानी हमारे देश से होकर पाकिस्तान की तरफ जा रहा था। उस नदी के पानी को नहीं पता कि किस देश में बह रही है। उसे सिर्फ इतना पता है कि उसका पानी जहाँ से आसानी से बहकर धरती के आँचल को ज्यादा-से-ज्यादा भिगो देगा, उसे वहीं पर बहना है, ताकि उस धरती पर ज्यादा-से-ज्यादा वनस्पतियाँ उग सकें।

पक्षी हजारों-हजारों किलोमीटर उड़कर अपने अनुकूल वातावरण के स्थान पर बिना रोक-टोक आते-जाते हैं। उनको भी नहीं मालूम कि सीमाएँ क्या होती हैं।

इस धरती पर सबसे सुंदर और बुद्धिमान कोई चीज है तो वह है मनुष्य। और यही मनुष्य देश, धर्म, जाति, वर्ण और अपने वर्चस्व को बढ़ाने में जातिवाद, धर्मवाद साम्राज्यवाद, विस्तारवाद को बढ़ावा देता है।

यही सोच उन्हें अपने से कमजोर लोगों को मारकर, अपनी हुकूमत के नीचे दबाकर रखने के लिए प्रेरित करती है। उस विचारधारा में इतना स्वार्थीपन है कि मनुष्य उसके बल पर अज्ञानी बन बैठा है। यह सोचने लग

गया है कि वह इस धरती पर सदा ही रहेगा। यह धरती, देश, धर्म, जाति सब उसका ही रहेगा। परंतु यह सब मिथ्या है। इस धरती पर जो उगा है, एक-न-एक दिन नष्ट होकर गिर जाता है। लेकिन जमीन वैसी-की-वैसी ही रहती है। प्रकृति की बनाई हर चीज ज्यों-की-त्यों ही रहती है। नदी, नाले, पहाड़, पर्वत, सब ऐसे ही रहते हैं। नहीं रहती तो इस धरती पर पैदा होनेवाली वस्तुएँ। यदि हम सब यह ध्यान में रखकर कार्य करें तो काफी हद तक अपना और अपने देश का उत्थान करने में सहयोग दे सकते हैं।

हम जब किसी काम को पूरा करने का मन बना लेते हैं, तो हम अपने लक्ष्य के पूरा होने तक नहीं रुकते। चाहे हमारे रास्ते में कितनी ही मुश्किलें क्यों न आएँ, अपना इरादा मजबूत कर लीजिए कि आप सारी मुश्किलों को पार कर लेंगे।

□

देश का परमाणु परीक्षण—युद्ध की नींव

भारत के पूर्व राष्ट्रपति भारतरत्न डॉ. ए.पी.जे. अब्दुल कलामजी एक देशभक्त और राष्ट्र प्रेम के पुजारी थे, जिनका लोहा पूरे विश्व ने माना था। उन्होंने हमारे राष्ट्र को दुनिया के सामने आँख से आँख मिलाकर देखने की ताकत देकर खड़ा कर दिया है। अपनी आत्मिक शक्ति, कौशल, योग्यता और क्षमता से देश को मिसाइल देकर शक्तिशाली राष्ट्रों की पंक्ति में लाकर खड़ा कर दिया। भारत के तत्कालीन प्रधानमंत्री और डॉ. कलाम के नेतृत्व में 1998 में भारत ने परमाणु परीक्षण किया। साथ ही पाकिस्तान ने भी परमाणु परीक्षण किया। इसी के साथ दोनों पड़ोसी देश परमाणु शक्तिसंपन्न राष्ट्र बन चुके थे।

तत्कालीन प्रधानमंत्री श्री अटल बिहारी वाजपेयी की सोच काफी सकारात्मक थी। उन्होंने राष्ट्र-रक्षकों के हौसले को बढ़ाया और सफल परमाणु परीक्षण के लिए संपूर्ण देश को बधाई दी। एक सकारात्मक सोच अपनी जगह होती है और असल वातावरण अलग। जब तक दो पड़ोसी देशों

के बीच सौहार्दपूर्ण, मैत्रीपूर्ण, शांतिपूर्ण वातावरण नहीं होगा, तब तक दोनों राष्ट्र उन्नति और विकास नहीं कर पाएँगे।

अटल बिहारी वाजपेयी ने स्वदेश की नीतियों के अनुसार पाकिस्तानी प्रधानमंत्री नवाज शरीफ की तरफ दोस्ती का हाथ बढ़ाया। उन्होंने कश्मीर में आतंकवाद को रोकने के साथ-साथ कश्मीर मामले को सुलझाने के लिए बातचीत शुरू की, ताकि दोनों मुल्क उन्नति और विकास के मार्ग पर आगे बढ़ सकें।

दोनों देशों की जनता के लिए भी यह एक बड़ी खबर थी, क्योंकि सौहार्दपूर्ण वातावरण में वे अपनी तरक्की के लिए कार्यरत हो सकते थे।

इसी सिलसिले में 'समझौता एक्सप्रेस ट्रेन' का परिचालन शुरू किया गया और बस सेवा भी आरंभ हुई। हमारे प्रधानमंत्री स्वयं बस द्वारा लाहौर तक गए और दुनिया को दिखाया कि भारत अपने पड़ोसियों के साथ शांतिपूर्ण वार्त्ता चाहता है। इतना ही नहीं, उन्होंने यह भी साफ कर दिया कि भारत खुद आगे बढ़ने के साथ-साथ अपने पड़ोसी को भी आगे बढ़ाने के अवसर प्रदान करता है।

भारत इनसानियत का सम्मान और इज्जत करना जानता है। हमने हमेशा इनसानियत को सबसे ऊपर रखकर काम किए हैं। दोनों देश अपनी रणनीति और विदेश नीति के साथ आगे बढ़ने लगे।

इसी के साथ-साथ देश की सेना के सैनिकों का हौसला भी बढ़ा कि हमारे कार्यों की क्षमता में बढ़ोतरी होगी। और क्यों नहीं, हर सैनिक अपने राष्ट्र को सशक्त और समृद्ध होता देखना चाहता है। उसका राष्ट्र दुनिया के सशक्त देशों की गिनती में आए, तरक्की की बुलंदियों को छुए—हर सैनिक वही तो सोच रखता है। देश को सर्वोपरि देखने के लिए, उसके राष्ट्र का सम्मान पूरा करने के लिए अपने राष्ट्र के निर्माण की खातिर ही सैनिक खुद को कुरबान

करने को तत्पर रहता है। हर सैनिक राष्ट्र को वह वातावरण देना चाहता है, जिसमें नागरिक बिना डरे, निस्संकोच होकर काम कर सकें और राष्ट्र को विकास के पथ पर तेजी से बढ़ा सकें।

सैनिकों की सोच की तरह यदि हर राष्ट्रवादी अपने दायित्व और कर्तव्यों का पालन करे तो राष्ट्र की प्रगति और उन्नति में चार चाँद लग जाते हैं। हर देशवासी जैसे अपने अधिकारों को प्राप्त करने में प्रयासरत होता है, उसी तरह उसे देश के लिए भी कार्य करना चाहिए। राष्ट्र की सीमा पर खड़े जवान निस्स्वार्थ ड्यूटी निभाने के साथ-साथ देश की आंतरिक शक्ति को बढ़ाने की सोच भी रखता है।

देश की रक्षा सीमा पर सिर्फ हथियारों से नहीं, बल्कि अपनी एकजुटता की शक्ति से भी की जा सकती है; और वही हमारे देश के मिसाइल मैन डॉ. कलामजी ने किया था, अपनी परमाणु शक्ति को बढ़ाकर। उन्होंने दुश्मन को झुकने पर विवश कर दिया था। हमारी एकता, योग्यता तथा कौशल से किए गए कार्यों ने राष्ट्र की अखंडता के साथ-साथ गौरव को भी बढ़ाया।

देश किसी एक संस्था से सुरक्षित नहीं रह सकता। यदि आप सोचें कि देश की रक्षा सेनाओं का ही दायित्व है तो यह सोच गलत है। देश के नागरिकों को अपने-अपने क्षेत्र में पूर्ण योगदान देना होगा। परंतु जब कोई देश उन्नति करता है, तो दूसरे देश उस उन्नति को एक विषैली नीति समझकर विकास को रोकने का प्रयास करते हैं।

इनसानों की सोच से ही देश की सोच बनती है। जब एक इनसान अपने पड़ोसी की उन्नति को नहीं देख पाता तो पड़ोसी देश भी पड़ोसी देश की उन्नति को कैसे सहे?

हर विकसित देश अपने आसपास के देशों को विकसित होने से रोकने का भरसक प्रयास करता है, ताकि उसका अपना वर्चस्व बना रहे और वह उसका गुलाम बना रहे।

इसलिए भारत के हर नागरिक को अपने राष्ट्र को सशक्त एवं समृद्ध बनाने के लिए अपने-अपने मिले हुए कार्यों को निस्स्वार्थ भाव से, पूरी ईमानदारी से करना चाहिए, ताकि हम और हमारा देश हर क्षेत्र में मजबूत बन सके।

आप एक व्यक्ति के रूप में अच्छा बनें, इसके लिए आपको अपने आसपास के सभी लोगों की भलाई को सुनिश्चित करना होगा।

□

कारगिल युद्ध के कारण

हमारे देश के प्रधानमंत्री माननीय अटल बिहारी वाजपेयी पाकिस्तान के प्रधानमंत्री नवाज शरीफ से वार्त्ता के द्वारा मैत्रीपूर्ण वातावरण बनाने की चेष्टा कर रहे थे। दोनों देशों की जनता चैन की साँस ले रही थी, इस उम्मीद में कि शायद यह सालों से चल रहा झगड़ा अब हल हो जाएगा। दोनों देशों के नागरिक अपने-अपने रिश्तेदारों और व्यापार के संबंधों को सुधारने की कोशिश करने लगे।

लेकिन पाकिस्तान के कुछ कट्टरपंथी हुक्मरान नहीं चाहते थे कि दोनों देशों की अवाम में मैत्रीपूर्ण संबंध बन जाएँ। अगर लोगों के बीच अच्छे संबंध बन जाएँगे तो उनकी कट्टरपंथी सोच और अमानवीय व्यवहार का खत्म होना निश्चित है। उन्हीं सब लोगों ने ऐसा षड्यंत्र रच डाला कि उसकी कोई कल्पना तक नहीं कर पा रहा था। जहाँ दोनों देश और दुनिया यही सोच रही थी कि पचास साल का संघर्ष शायद अब समाप्त हो जाएगा, वहीं कुछ लोग अपने स्वार्थ के लिए कुछ और ही षड्यंत्र रच रहे थे।

कारगिल युद्ध के कारण

कट्टरपंथी सोच के हुक्मरानों ने देखा कि हम कैसे और कहाँ से भारत को तोड़ सकते हैं। उन्होंने इस बात का भी ध्यान रखा कि उनकी पोजीशन ऊपर रहे, ताकि भारत उस काररवाई पर कोई एक्शन करे भी तो ऊँची पोजीशन के चलते उनका अपना नुकसान न हो।

इसलिए उन्होंने ऐसे क्षेत्र को चुना, जहाँ पहले से कोई विवाद नहीं रहा था। जहाँ से भारत की सेना को ऐसी काररवाई की कोई शंका तक नहीं थी।

पाकिस्तानी आर्मी चीफ जनरल मुशर्रफ ने बड़ी शातिर प्लानिंग करके द्रास कारगिल बटालिक क्षेत्र को चुना, जहाँ पर पहले से समझौता था कि सर्दियों के समय दोनों सेनाएँ अपने-अपने बेस कैंप में रहेंगी। मुशर्रफ यह अच्छे से जानता था कि भारतीय सेना कभी उन समझौतों का उल्लंघन नहीं करेगी। वह अपने समय से सर्दियों में अपने बेस कैंप में चली जाएगी। वही उनके हिसाब से उचित समय था भारत की सभी पोस्टों को कब्जे में लेने का। उनकी योजना के हिसाब से आनेवाले चार-पाँच महीनों में वह युद्ध सामग्री को भी एकत्र कर लेते और जब ग्रीष्म काल शुरू होता तथा भारत की सेना अपनी पोस्टों की तरफ वापस आती तो आसानी से उन्हें रोका जा सकता। उनकी सोच थी कि इस तरह वे भारतीय सेना को पराजित करके पूरा क्षेत्र पाकिस्तान में मिला लेंगे।

मुशर्रफ यह भी अच्छे से जानता था कि भारतीय सेना कश्मीर में उग्रवाद और आतंकवाद से लड़ रही है। उसको लगा कि इतनी ऊँचाई पर लड़ने के लिए सेना की तैयारी भी नहीं होगी और वे इलाके पर कब्जा कर लेंगे तो कश्मीर को भी आसानी से पाकिस्तान में मिला लेंगे।

इस तरह की पूरी प्लानिंग करके उसने 45 नॉर्थन लाइट इन्फैंट्री की नई बटालियन को खड़ा करके द्रास कारगिल बटालिक में डिप्लाई कर दिया। अपने प्लान के मुताबिक सर्दियों में भारत की इन क्षेत्रों की तमाम चौकियों पर उन्होंने कब्जा कर लिया। भारत और भारतीय सेना इस षड्यंत्र से अनजान

रही, इस बीच पाकिस्तान ने हर पोस्ट पर काफी मात्रा में युद्ध सामग्री एकत्र कर ली थी। अगर युद्ध भी लड़ना पड़ता, तो कई महीनों तक आसानी से वह बिना परेशानी के लड़ सकता था।

कश्मीरी अवाम के दिलों में पाकिस्तान उनके हमदर्द के रूप में भी दिखता है। जहाँ भारत लाहौर बस यात्रा कर रहा था, वहीं मुशर्रफ उन चोटियों पर अपनी युद्ध सामग्री को एकत्र कर रहा था।

दुश्मन कितना भी शातिर हो, यदि देश की जनता के दिलों में अपनी मिट्टी से प्रेम है तो उस सरजमीं को कोई भी गुलाम नहीं बना सकता। कोई अपने कब्जे में करने की सोच तक नहीं सकता।

जब बर्फ हटी तो भारत के बक्करवाल अपने क्षेत्र की पहाड़ियों पर अपनी भेड़-बकरियों को लेकर गए। उन्होंने देखा कि हमारी पोस्टों पर दूसरे लोग हैं। बिना देर किए पहाड़ों से नीचे उतरते ही उन्होंने यह जानकारी भारतीय सेना के बेस कैंप में दी।

जब बेस कैंप में खबर आई, 'हमारी चौकियों पर दूसरे लोग बैठे हैं,' तो पहले तो किसी ने विश्वास नहीं किया। लेकिन जब उन्होंने पूरी घटना को विस्तार से बताया तो उनकी बात को परखने के लिए सबसे पहले कारगिल क्षेत्र में कैप्टन सौरभ कालिया के नेतृत्व में 4 जाट की पहली टीम को पेट्रोलिंग के लिए भेजा गया।

जब वह पेट्रोलिंग के लिए गए, तो कई दिनों तक उनसे कोई संवाद नहीं हो सका। अनहोनी की आशंका को देखते हुए, उस पेट्रोलिंग पार्टी का पता लगाने के लिए दूसरी टीम को भेजा गया। दूसरी टीम के कुछ जवान शहीद हुए, परंतु कुछ बचकर आए और उन्होंने ऊपर दुश्मन के होने की जानकारी दी। फिर यह बात आग की तरह फैलती चली गई कि द्रास कारगिल बटालिक की पहाड़ियों पर आतंकवादियों ने कब्जा कर लिया।

हमारे उच्च अधिकारियों की मीटिंग हुई और उनका खात्मा करने की योजना पर काम शुरू कर दिया गया। अप्रैल 1998 से ही द्रास कारगिल बटालिक की पहाड़ियों पर गोलियों और बमों की आवाज गूँजने लगी। इतनी सुंदर वादियाँ अब लहूलुहान होने लगी थीं।

> ***कोई भी सैनिक युद्ध नहीं चाहता। लेकिन कोई जब उसकी मातृभूमि पर हमला करता है, तो वह अपने प्राणों का बलिदान देने और अपने खून के आखिरी कतरे तक लड़ने से पीछे नहीं हटता।***

□

कारगिल युद्ध की शुरुआत

1998 अप्रैल-मई माह में जैसे-जैसे सर्दियों के मौसम का समापन होता है, वैसे-वैसे कश्मीर घाटी में आतंकवादियों की गतिविधियाँ बढ़ने लग जाती हैं। हमारी सेना उस वर्ष भी इस समय कश्मीर घाटी में आतंकवादियों के खात्मे के लिए ऑपरेशन को तेज कर रही थी। उधर कारगिल द्रास और बटालिक क्षेत्र में भी पाकिस्तानी सेना के साथ हमारी सेना की कई बटालियन लोहा ले रही थीं। उस समय उन पहाड़ी क्षेत्रों की सुरक्षा के लिए सैनिकों की तैनाती कम थी, लेकिन जितनी भी वहाँ पर बटालियन सुरक्षा में तैनात थीं, उनके सभी सैनिक अपनी वीरता एवं कौशल से दुश्मनों को मुँहतोड़ जवाब दे रहे थे। तब तक वहाँ और सैनिकों की तैनाती की आवश्यकता महसूस होने लगी थी।

हमारी बटालियन को भी कश्मीर घाटी से बुलाया गया। उस समय हम कश्मीर घाटी में आतंकवादियों के खात्मे के अलग-अलग जगह पर ऑपरेशन करके आतंकवादियों को अपना लोहा मनवा रहे थे। उन महीनों में

हमारी बटालियन ने कई खूँखार एरिया कमांडर आतंकवादियों का खात्मा कर दिया था। बटालियन की अनुशासनात्मक कार्यशैली को देखकर हमारी यूनिट के उच्च अधिकारियों को द्रास भेजने का आदेश दिया।

जब यह आदेश यूनिट को मिला, मैं अपनी शादी के सिलसिले में छुट्टी पर गाँव आया हुआ था। उस समय मेरी यूनिट की दूसरी कंपनी के साथी भी छुट्टी आए हुए थे। मैंने उन्हें भी अपनी शादी का निमंत्रण दिया हुआ था। उनमें कई साथी ऐसे भी थे, जो मेरे साथ दिन-रात रहते थे। योगेंद्र सिंह, मुकेश यादव, दिनेश यादव आदि मेरे अच्छे मित्र थे। यों तो मैं बीस दिन की छुट्टी लेकर आया था।

5 मई को मेरी शादी में ये सभी दोस्त शामिल हुए, यह मेरे लिए बड़े सौभाग्य की बात थी। मेरी शादी में मेरे अजीज सैनिक साथी शामिल हुए। सैनिकों की शादी में कोई-कोई ही सैनिक शामिल हो पाते हैं, क्योंकि सभी को साथ में छुट्टी मिलना मुश्किल होता है। मैं खुद अपने भाई की शादी में शामिल नहीं हो पाया था, क्योंकि उस समय मुझे छुट्टी नहीं मिल पाई थी। यह भी एक किस्मत का खेल था कि वे लोग मेरी खुशी में मेरे साथ खड़े रह पाए।

शादी होने के बाद मेरे सभी साथी अपनी छुट्टी बिताकर मुझसे पहले यूनिट पहुँच गए थे। शादी के बाद घर में वह पहला दिन था और पूरे परिवार में हर्षोल्लास का माहौल था। दोस्त और भाई खूब छेड़खानी करने में लगे थे और हर तरफ खुशियाँ दिख रही थीं।

उसी रात मैंने एक सपना देखा कि कोई हमारे तिरंगे को लेकर भाग रहा है। हमारे सैनिक उसके पीछे भाग रहे हैं और सैनिकों पर अंधाधुंध गोलियाँ बरसाई जा रही हैं। अपने शरीर पर गोलियाँ लगने से लहूलुहान होते हुए भी तिरंगे को बचाने की खातिर आखिरी साँस तक वे सैनिक चलते जा रहे हैं। अपने प्राणों का बलिदान करते चले जा रहे हैं।

ऐसा सपना देखकर मैं आधी रात को ही उठ बैठा और मन में बड़ी बेचैनी महसूस करने लगा। पूरी रात मैंने उसी बेचैनी में बिताई। अगली सुबह अपने भाई, जोकि स्वयं सैनिक है और माँ-पिताजी को अपने सपने के बारे में बताया। उन्होंने मेरी बात को टाल दिया, क्योंकि तब तक देश में अमन और शांति का माहौल था। किसी टी.वी., रेडियो या अखबारों में इस लड़ाई की कोई खबर नहीं थी, लेकिन मेरे मन में मुझे यह आभास हो गया था कि कुछ-न-कुछ हमारी सीमा पर घटित हो रहा है।

उस समय गेहूँ की फसल की कटाई और मड़ाई का काम चल रहा था। शादी के दूसरे दिन ही सब रिश्तेदार चले गए थे और हम दोनों भाई फसल, जो खेतों में पड़ी हुई थी, की निकासी में लग गए। तीन-चार दिन में हमने अपना अनाज और भूसा घर में रख लिया और अगली फसल की तैयारी के लिए खेतों को तैयार करने में लग गए।

इस बार दोनों की छुट्टी कम थीं तो सोचा कि खेतों को तैयार करके चले जाएँगे। इससे छोटे भाई, माँ और पिताजी खेतों की बुआई कर सकेंगे। बस दिन-रात खेती के काम में लगे रहे, लेकिन वह सपना मेरे जेहन में तीर की तरह हमेशा चुभता रहा और मुझे बेचैन करता रहा।

~✤~

मेरी छुट्टी की समाप्ति नजदीक आ गई थी। पूरा समय खेती-बाड़ी के कामों को समाप्त करने में ही लगा रहा, ताकि बाद में घरवालों को ज्यादा दिक्कत न हो।

छुट्टी का आखिरी दिन भी आ ही गया। सुबह उठकर मैंने अपना सामान पैक किया और माँ कुछ मिठाई भी बना रही थी मेरे साथ लेकर जाने के लिए। उसी शाम को मेरठ से मेरी शालीमार एक्सप्रेस ट्रेन थी, जिसको पकड़ने के लिए घर से दो बजे निकलना था।

कारगिल युद्ध की शुरुआत

हमारे घर में कहते हैं कि बड़ों से आशीर्वाद लेकर और छोटों को कुछ देकर घर से निकलना चाहिए। जब घर से निकलने का समय हुआ तो मैंने अपनी पत्नी को सौ रुपए देकर विदाई ली। माँ, पिता, बड़े भाइयों के पैर छूकर उनसे आशीर्वाद लिया। सभी घरवालों का घर से जाते समय यही सवाल था कि अगली बार मैं घर कब आऊँगा? इस बार उन सवालों को पूछने में एक और नाम जुड़ गया था—मेरी पत्नी का। बड़े मुझे हिदायत देने लगे कि पहुँचकर जल्दी चिट्ठी लिखना। उस समय मोबाइल फोन तो थे नहीं।

उन सभी को आश्वासन देकर कि जल्दी लौटूँगा और चिट्ठी भी लिखूँगा, मैं घर से निकल गया और बड़े भाई ने मुझे बस में बैठा दिया।

मैं शाम को मेरठ पहुँचा और अपनी ट्रेन में बैठकर जम्मू के लिए रवाना हो गया। माँ ने रात के लिए जो खाना बाँधा था, वह खाकर सो गया। सुबह जब जम्मू रेलवे स्टेशन से ट्रांजिट कैंप में पहुँचा तो देखा कि मेरी यूनिट और कुछ और के नाम पुकारे जा रहे हैं। मुझे सुनाई दिया, "जो इन यूनिटों के जवान छुट्टी से वापस आए हैं, वे अपने कागज तुरंत जमा करें और सुबह श्रीनगर जाने के लिए तैयार रहें।"

मैं समझ नहीं पाया कि इतनी जल्दबाजी क्यों की जा रही है इस बार। मेरे पूछताछ करने पर पता चला कि कारगिल में लड़ाई छिड़ गई है और यह यूनिट उस लड़ाई में शामिल है। यह सुनते ही मुझे मेरा सपना मेरी आँखों के सामने खड़ा प्रतीत हुआ।

बचपन से जंग लड़ने का जो सपना देखकर मैं बड़ा हुआ था, अब वह साकार होने जा रहा था। ट्रांजिट कैंप में लड़ाई की बातें जोरों पर थीं और जवानों का जज्बा बहुत ऊँचा था। कुछ लोग मायूसी में डूबे हुए थे, लेकिन मेरे जैसे अनेक सैनिक—जिनको लड़ाई लड़ने की उम्मीद में नींद ही नहीं आई—सुबह चार बजे बस में चढ़ने के लिए तैयार थे। हमने अपनी-अपनी बसों पर सामान चढ़ाया और पूरे दिन के सफर में बस जंग लड़ने की खुमारी में डूबे रहे।

शाम को श्रीनगर ट्रांजिट कैंप में पहुँचे तो वहाँ भी उन्हीं यूनिटों के नाम लेकर उद्घोष किया जा रहा था। मैंने अपने डॉक्यूमेंट जमा कर दिए और सुबह मुझे वहाँ से कारगिल के लिए रवाना कर दिया गया। शाम को मैं और कुछ साथी डुमरी पहुँचे, जहाँ यूनिट का बेस कैंप था। वहाँ पहुँचकर अपने हथियार और बाकी सामान लिया। हम सभी को शाम को ही द्रास भेज दिया गया।

उस समय हमारी बटालियन द्रास सेक्टर की तोलोलिंग पहाड़ी पर लड़ाई लड़ रही थी।

> *किस्मत कुछ ही लोगों को अपने सबसे सुनहरे सपनों को पूरा करने का अवसर देती है। जब भी ऐसा अवसर मिले तो उठो और पूरे उत्साह से हाथोहाथ ले लो।*

□

तोलोलिंग की लड़ाई

20 मई, 1998, तोलोलिंग पहाड़ी पर हमारी बटालियन अपने रेजिमेंट और खुद के नाम के वर्चस्व को कायम रखने के लिए अदम्य साहस और वीरता के साथ लड़ रही थी। तोलोलिंग पहाड़ी राष्ट्रीय राजमार्ग 1A से सटी हुई है। यह राजमार्ग श्रीनगर रेलवे को जोड़नेवाली या यों कहें कि लेह और श्रीनगर के लिए एकमात्र लाइफ लाइन वाला राजमार्ग है। पाकिस्तान की सेना पहाड़ी के नीचेवाले शिखर तक अपनी पोस्ट बनाकर बैठी हुई थी, जिससे हमारा राष्ट्रीय राजमार्ग अवरुद्ध हो गया था। हमारी लेह को जानेवाली सप्लाई पूरी तरह से रुक गई थी। सेना के लिए सबसे महत्त्वपूर्ण और चुनौतीवाला टास्क था—जल्दी-से-जल्दी तोलोलिंग पहाड़ी को पुनः अपने कब्जे में लेकर राष्ट्रीय राजमार्ग की सप्लाई को सुचारु करना।

हमारी यूनिट के कमांडर कर्नल कुशाल चाँद ठाकुर[6] साहब ने अपने श्रीलंका के ऑपरेशन अनुभव के आधार पर एक युद्ध की अच्छी प्लानिंग को

---

6. *अब ब्रिगेडियर (रिटा.) खुशाल ठाकुर, जो लोगों के अधिकारों और भलाई के लिए सक्रिय भूमिका निभा रहे हैं।*

तैयार किया। फिर अपने सभी कंपनी कमांडरों को हमले की रणनीति और युद्ध प्लान समझाया। यह रणनीति और युद्ध की प्लानिंग लोकल जानकारी तथा मुख्यालय से मिली खबरों और युद्ध के ज्ञान व अनुभव के आधार पर बनाई गई। उस समय वहाँ पर जो भी सूचनाएँ मिल रही थीं, वे उन चोटियों पर आतंकवादियों की ही सूचनाएँ थीं।

उनके इसी अनुभव के चलते कश्मीर घाटी में भी आतंकवादियों के खात्मे के लिए उनकी प्लानिंग और कार्यशैली से यूनिट को बहुत सफलता मिली थी। उसी युद्ध योजना और रणनीति के आधार पर यूनिट ने तोलोलिंग की पहाड़ी पर चढ़ना शुरू कर दिया। दुश्मन ऊपर बैठा हुआ था, हमें अपनी हरकत को छुपाते हुए आगे बढ़ना था, यह हम जानते थे।

पूरी यूनिट 'सर्वदा शक्तिशाली'[7] के युद्धघोष के साथ अपने-अपने लक्ष्य को प्राप्त करने के लिए निकल पड़ी। सैनिकों ने कंधे-से-कंधा मिलाकर एक जोश-जुनून और अपनी जीत को सुनिश्चित करने के लिए खूँखार शेरों की भाँति अपनी-अपनी टोली के साथ चलना शुरू किया।

हमारी यूनिट ने एक ऑपरेशन 'जातिवाद' इन्हीं पहाड़ियों जैसी पहाड़ी पर किया था। उसके तहत आतंकवादियों को पहाड़ियों के जटिल रास्ते पर पकड़ने और खत्म करने के लिए 72 घंटे का ऑपरेशन किया था। लेकिन उस समय पहाड़ियों पर पेड़-पौधे थे, छुपी हुई ऑक्सीजन भरपूर मात्रा में थी। उस ऊँचाई पर ऑक्सीजन कम होती है तो पेड़-पौधे होने से काम करने में आसानी रहती है, साथ में ऑक्सीजन लेकर नहीं चलना पड़ता।

उसके विपरीत, तोलोलिंग की पहाड़ियाँ पूरी तरह पथरीली पहाड़ियाँ थीं। न कोई पेड़-पौधा, न ऑक्सीजन भरपूर मात्रा में थी। और द्रास तो वह क्षेत्र है, जहाँ सर्दियों में तापमान -60 डिग्री तक चला जाता है। मई के माह में भी तापमान -20 डिग्री था। यूनिट के सैनिक अपने प्रशिक्षण के अनुभवों और

7. *सर्वदा शक्तिशाली, यही ग्रेनेडियर्स की वार क्राइ है।*

कुशल नेतृत्व के साथ अपने काम को अंजाम देते चले जा रहे थे।

पहली ही रात में यूनिट पहाड़ी के उच्च शिखर के करीब पहुँच गई थी। जब यूनिट तोलोलिंग के उच्च शिखर के नजदीक गई तो दुश्मन ने फायरिंग शुरू कर दी।

दुश्मन भी हमको अपने इतने नजदीक देखकर भौचक्का रह गया। हर सैनिक यह जानता है कि युद्ध की पहली सफलता है कि हम दुश्मन को सरप्राइज कर दें। दुश्मन यदि अपने नजदीक अपनी दुश्मन सेना को अचानक पाता है तो उसका लड़ने का आधा साहस वैसे ही खत्म हो जाता है, क्योंकि आपने देखा होगा कि आप अपने घर को सुरक्षित करके बैठे हो और फिर भी कोई आपके घर में घुस जाए तो आपके हाथ-पाँव फूल जाते हैं। आप चाहे हथियार भी लिये हुए हों, लेकिन आप उस हथियार को चला पाने की स्थिति में नहीं रहते। 'सरप्राइज एलिमेंट' हमारे लिए भी काफी मददगार रहा।

हाँ, युद्ध के मैदान में दुश्मन को सरप्राइज करके उसके नजदीक-से-नजदीक पहुँच जाना दुश्मन की प्लानिंग और मनोबल को तोड़ता होता है। उसके साथ ही यह हमारी अच्छी प्लानिंग और कार्य-कौशल को भी उजागर करता है। इसी प्लानिंग के साथ यूनिट 2 लोडिंग के उच्च शिखर के नजदीक पहुँच गई। परंतु फिर भी यह अंदाजा कोई नहीं लगा पाया कि यहाँ आतंकवादी नहीं, बल्कि पाकिस्तानी फौज है, जिन्होंने यहाँ की पोस्टों पर कब्जा किया हुआ है।

आतंकवादियों के पास अकसर छोटे हथियार, हथगोले ही होते हैं, इसी भ्रम में ऊँची चोटी पर हमला करने के लिए टीम निर्धारित हुई थी। हम अंदाजा भी नहीं लगा पा रहे थे, क्योंकि सैनिक अभी भी छोटे हथियारों से हमारे ऊपर फायरिंग कर रहे थे। हमें यह जरूर पता था कि पाकिस्तानी सेना उन्हें सपोर्ट कर रही है, क्योंकि कभी-कभी पाकिस्तानी आर्टिलरी गनों से फायरिंग होती रहती थी।

उन निर्धारित टीमों में से एक-एक टीम ने तोलोलिंग चोटी पर हमला किया। सबसे पहले नायब सूबेदार लाल सिंह की टीम ने हमला किया, परंतु उस हमले में उनकी पूरी टीम शहीद हो गई। तीन-चार दिनों की जद्दोजहद और भीषण संघर्ष के बावजूद हमें सफलता नहीं मिल रही थी। हमारी यूनिट की कैजुअल्टी दिन-प्रति-दिन कम होती जा रही थी, लेकिन सफलता अभी भी कोसों दूर खड़ी थी।

हमारी सेना के उच्च कमांडर इस स्थिति पर लगातार निगरानी रखे हुए थे। वे भी इतनी कैजुअल्टी देखकर सहमे हुए थे और सब परिस्थितियों का गहराई से आकलन करने में लगे हुए थे। उनको क्रोध भी आ रहा था और सभी रोष से भरे थे। हमारी यूनिट की अब तक की असफलता को हमारे बटालियन कमांडर ठाकुर साहब पर जाहिर किया जाता था, मगर कोई हल नहीं निकल रहा था।

26 मई को भारतीय वायुसेना ने उन पहाड़ियों पर बम बरसाए, ताकि भारतीय थलसेना अपने काम को आसानी से अंजाम दे सके। इतना होने के बाद आमतौर पर हालात काबू में आ जाते हैं, लेकिन स्थिति ज्यों-की-त्यों बनी रही।

28 मई को हमारी बटालियन के बी कंपनी के कमांडर मेजर राकेश अधिकारी साहब को उन पहाड़ियों का हवाई सर्वविच्छेदन करने के लिए साथ लिया गया। मेजर राजेश अधिकारी साहब ने जब इन पहाड़ियों को देखा और आतंकवादियों की संख्या का सही-सही आकलन तथा उनकी डिफेंसिव पोजीशन का पता करने के लिए रेकी की, तो पता चला कि जिन चोटियों पर चार-पाँच आतंकवादियों की संख्या से हमें अवगत कराया गया था, उनकी संख्या में इजाफा हो गया था। उन्होंने बताया कि वे 4-5 नहीं, बल्कि 20-25 की संख्या में बंकर बनाकर बैठे हुए हैं।

जब वे रेकी करके लौटे थे तो मेरी उनसे मुलाकात हुई थी। मेरा और

उनका एक दोस्ती का रिश्ता था। जब हम कश्मीर में ऑपरेशन पर जाया करते थे तो मैं उनके साथ ही रहता था। ये वही साहब हैं, जिन्होंने मुझसे दो महीने की जगह एक महीने की छुट्टी पर जाने को कहा था कि बाद में शादी के लिए छुट्टी माँगूँगा। मुझे उनके परिवार से मिलने का भी सौभाग्य मिला था।

मैं जान गया था कि घटनावाले दिन
उसकी त्योरी चढ़ने के पीछे कोई बड़ी बात थी।
सबकुछ बड़ी तेजी से बदलने वाला था।

□

मेजर राजेश अधिकारी के परिवार से मुलाकात

जब मैं जनवरी में दो महीने की छुट्टी पर गया था तो मेजर राजेश अधिकारी साहब ने एक चिट्ठी और कुछ सामान उनके परिवार को देने के लिए मुझे दिया था। उनका परिवार दिल्ली में रहता था, दिल्ली तक ही मेरी ट्रेन थी।

मैं जब दिल्ली में उनके घर गया तो उनकी माताजी-पिताजी और उनकी पत्नी किरण से मुलाकात हुई। साहब का दिया हुआ सामान और चिट्ठी उनको दी तो बहुत देर तक वे सब साहब का हालचाल पूछते रहे। मैं उनकी हर उस खूबी को बड़ी तन्मयता के साथ बताता जा रहा था, जो मैंने अपने अनुभव से देखी थी।

वे बहुत ही मिलनसार, संगीत-प्रेमी थे, गिटार बजाने का बड़ा शौक था। जब भी किसी ऑपरेशन से आते तो अपनी थकान दूर करने के लिए गिटार बजाकर, साथ गाकर थकान दूर कर लिया करते थे। कंपनी के सब जवान

उनके इस व्यवहार को देखकर बहुत खुश हुआ करते थे। फिर हमारी टीम जब कभी सर्च अभियान में गाड़ी से जाती या फिर वापस आती, सब गाने गाते हुए आते-जाते थे।

उस टीम में मैं ही सबसे जूनियर सिपाही था और सीनियर थे योगेंद्र। पर उन्होंने और उनके साथियों ने कभी मुझे जूनियर सिपाही नहीं, बल्कि अपना दोस्त और छोटा भाई समझा। मैं भी उनको अपना बड़ा भाई समझकर प्यार करता था। कभी लगता ही नहीं था कि वे मुझसे सर्विस और उम्र में बड़े हैं।

योगेंद्र का साथी था हरि और ये दोनों ही गाना शुरू करते थे, बल्कि हम टीम के लोग उनके गाने में सहयोग करते थे। अधिकारी साहब भी गाने में शामिल हो जाते थे। यही रवैया और सोच हम 10 को 10 शरीर और एक आत्मा में परिवर्तित किए हुए थे।

ये सब बातें अधिकारी साहब के परिवार से करता रहा, फिर चाय-नाश्ता करके घर के लिए निकल गया।

जब मैंने शादी के लिए उनसे बीस दिन की छुट्टी माँगी थी, तो उन्होंने कहा, "अभी बीस दिन की छुट्टी लोगे तो सात महीने कोई छुट्टी नहीं मिलेगी। कैसे रहोगे इतने लंबे समय तक ?"

मैंने कहा, "रह लूँगा, साहब! कोई और चारा भी नहीं है।"

मुझसे पूछने लगे, "अच्छा, लड़की से मिला है ? क्या कर रही है वह ?"

मैंने सच बता दिया, "साहब, गाँव में पिताजी देखकर आए हैं, बता रहे थे कि बारहवीं पढ़ रही है। साहब, मुझे मौका भी मिला था उसको देखने का। अपने दिनेश सर के भाई की शादी उसी गाँव में थी, उसकी सहेली के साथ। लेकिन मेरी माँ ने मुझे शादी में ही नहीं जाने दिया।"

वे बहुत हँसे थे, पर मुझे हौसला दिया था कि पिताजी ने देखा है तो कुछ समझकर ही 'हाँ' कहा होगा।

यह बात मुझे हमेशा याद रहती है कि उन्होंने मेरा हर कदम पर साथ दिया है।

~✤~

मैं जब मई में बीस दिन की छुट्टी और शादी के बाद यूनिट पहुँचा था, तब मेजर राजेश अधिकारी साहब भी हेलीकॉप्टर से पहाड़ियों की हवाई रेकी करके आए थे। तो जब हमारी मुलाकात हुई, मुझे देखते ही बोले, "आ गया शादी करके? यार, अभी क्यों आया! बहुत बुरे हालात है, योगेंद्र! कुछ नहीं पता क्या होगा।"

मैंने उनके चेहरे पर अजीब सी उलझन देखी और कहा, "साहब, सब ठीक हो जाएगा। आप मिठाई खाओ मेरी शादी की।"

उन्होंने मिठाई खाई, फिर मैंने उनको पीने के लिए पानी दिया। वे मुझसे कहने लगे, "मैं चलता हूँ कंपनी में। कंपनी बिल्कुल दुश्मन के नजदीक है।" ऐसा कहकर वे वहाँ से चले गए।

वह हमारी आखिरी मुलाकात थी। हमारी ए और बी कंपनी तोलोलिंग टॉप पर दाहिने सिरे पर डिप्लॉय थी और ई और डी बाएँ सिरे पर।

ए और बी कंपनी के जवानों को एम्युनिशन और राशन पहुँचाने के लिए एक टीम मौजूद थी, लेकिन ई और डी कंपनियों को यह सब पहुँचाने के लिए कोई टीम नहीं थी। मुझे तथा चौदह और जवानों को, जो छुट्टी से लौटकर आए थे, अपनी कंपनी में भेजने के बजाय ई और डी कंपनी को एम्युनिशन और राशन पहुँचाने के लिए आदेश दिया।

मेरा बड़ा मन था कि अपनी कंपनी में जाकर अपने साथियों के साथ

फ्रंट पर लड़ाई लड़ूँ, लेकिन सेना में जो जिस काम के लिए आदेश दिया जाता है, उसको मानना हर सैनिक का फर्ज होता है। कोई भी सैनिक मिले हुए आदेश का उल्लंघन नहीं कर सकता, क्योंकि वह छोटा सा आदेश एक बड़े प्लान का हिस्सा है, जिसके बारे में सब नहीं जानते। और यही अनुशासन होता है सेना में।

खैर, अपनी फ्रंट पर लड़ने की इच्छा को मारकर मैं उसी एम्युनिशन-राशन पहुँचानेवाली टीम का हिस्सा बना रहा। लड़ाई हो या कोई और काम, जब तक हम टीम के सदस्य अपनी जिम्मेदारी ईमानदारी से नहीं निभाएँगे, जीत हासिल हो ही नहीं सकती। मुझे ये बातें बाद में समझ आईं कि कोई कार्य छोटा नहीं होता, अगर हम अपने कार्य की महत्ता को समझें।

मैंने अपने उस एम्युनिशन राशन पहुँचानेवाले कार्य की महत्ता को समझा और महसूस किया कि फ्रंटवाला जवान हमारी वजह से दुश्मन से लोहा ले रहा है, क्योंकि अगर उसके पास लगातार एम्युनिशन और राशन नहीं पहुँचेगा तो वह कैसे लड़ पाएगा। उसको हम पर भरोसा है कि मेरा एम्युनिशन, मेरी यह टीम कभी खत्म नहीं होने देगी; मुझे भूखा नहीं मरने देगी। हमको भी उन फ्रंटवाले सैनिकों पर भरोसा था कि हमारी तरफ आनेवाली हर गोली का रुख वे मोड़ देंगे। हम उनकी पीठ और वे हमारी छाती को सुरक्षित रखेंगे, यह भरोसा था।

अगर जीना है तो इस दुनिया को ऐसी निशानी दो,
जिसे हमेशा याद रखा जाए।

□

समय का प्रवाह

28 मई की शाम जब हम एम्युनिशन और राशन लेकर शिखर की तरफ जा रहे थे, तभी मैंने देखा कि तीन भारतीय वायुसेना हेलीकॉप्टर तोलोलिंग टॉप पर अंधाधुंध गोलियाँ और बम बरसा रहे थे। तभी अचानक जब वे फायर करके लौटने लगे तो उनके ऊपर गाइडेड मिसाइल से दुश्मन ने हमला कर दिया और वह मिसाइल हमारे पीछेवाले हेलीकॉप्टर से जा टकराई। उसके टकराते ही हेलीकॉप्टर में आग लग गई और जलता हुआ वह पहाड़ी के दूसरी तरफ नाले में जा गिरा।

उस हेलीकॉप्टर के फाइटर पायलट अपने पैराशूट के माध्यम से हेलीकॉप्टर से कूद तो गए, लेकिन दुश्मन के हाथ लग गए। उनमें से एक पायलट को मार दिया गया और एक वापस लौट आया। उसी दिन कारगिल सेक्टर में हमारे एक मिग (mig)-21 को भी मार गिराया गया। इन घटनाओं से सभी को यह आभास और यकीन हो गया था कि यहाँ पर कोई मिलिटेंट नहीं हैं, बल्कि पाकिस्तानी फौज ने कब्जा किया हुआ है।

इन अत्यंत दुःखद घटनाओं ने पूरी सेना ही नहीं, पूरे देश को झिंझोड़ दिया। अब देश की आन-बान-शान को बनाए रखने के लिए और पाकिस्तानी फौज को सबक सिखाने के लिए भारतीय थलसेना ने 'ऑपरेशन विजय', भारतीय वायुसेना ने 'ऑपरेशन सफेद सागर' और भारतीय जल सेना ने 'ऑपरेशन तलवार' शुरू कर दिया।

भारत की ये तीनों सेनाएँ शिव के त्रिशूल की तरह किसी भी लक्ष्य को भेदने की क्षमता रखती हैं। तीनों सेनाओं ने तिरंगे की शान को जिंदा रखने और दुश्मनों को खत्म करने की कसमें खाईं और इसी भावना के साथ तीनों सेनाओं ने केसरी बलिदानी वरदी पहन अपने-अपने क्षेत्र में दुश्मनों के ऊपर कहर बरपाना शुरू कर दिया।

हमारी भारतीय वायुसेना ने पहाड़ियों की चोटियों पर गोले बरसाने शुरू कर दिए और नीचे थलसेना उन चोटियों पर अपने अदम्य साहस और वीरता का प्रदर्शन कर रही थी। वहीं भारतीय जलसेना ने समुद्री रास्ते से कराची बंदरगाह को घेर लिया और पाकिस्तान के कई आयल डिपो को नष्ट कर दिया।

उसी दिन 28 मई को हमारे मेजर राजेश अधिकारी ने तोलोलिंग टॉप पर अपने साथियों के साथ हमला बोल दिया। उनकी टीम दुश्मन के बंकरों तक जा पहुँची और फिर उनकी टीम का दुश्मन के साथ भीषण युद्ध हुआ। इस लड़ाई में हमारी टीम के सभी सैनिक शहीद हो गए।

इस खबर के साथ ही यूनिट को एक और बड़ी क्षति हो गई। मेजर राजेश अधिकारी साहब की टीम से पहले जो भी हमारे सैनिक शहीद हुए थे, सभी के पार्थिव शरीर उठाकर बेस कैंप ले जाए गए थे। लेकिन इस पूरी टीम के पार्थिव शरीर दुश्मन के बंकरों में ही पड़े हुए थे। कई बार उनके पार्थिव शरीर को उठाने का प्रयास किया गया, लेकिन असफलता ही हाथ लगी। उच्च स्तर से पूरी यूनिट की नाकामयाबी पर हमारी कार्यशैली पर भी प्रश्नचिह्न लगने लगा।

उच्च कमांडरों ने बटालियन कमांडर कर्नल कुशाल चंद्र ठाकुर को यहाँ तक बोल दिया कि 'ठाकुर, अब यह आपके वश की बात नहीं रही। आप अपनी यूनिट को नीचे उतार लो; हम किसी दूसरी पलटन को इस काम के लिए भेजते हैं।'

लेकिन हमारे बटालियन कमांडर साहब ने भी उनको कह दिया कि "यह ग्रेनेडियर्स रेजिमेंट की यूनिट है सर! इसी रेजिमेंट की बटालियनों ने 1956-1957 में पाकिस्तान की सेना का गुरूर परास्त रख किया था। और हमारी रेजिमेंट में को-कमांडिंग ऑफिसर कमांड ही नहीं करता, बल्कि वह उस यूनिट का पिता होता है। उसकी यूनिट के सभी सैनिक उसके बच्चे होते हैं। हम अपने बच्चों के पार्थिव शरीर लिये बिना नीचे नहीं आएँगे।'

हम सब इस जज्बे को समझते थे, क्योंकि हम अपने दोस्तों को, अपने भाइयों को पीछे छोड़कर कहीं नहीं जानेवाले थे। उन्होंने कहा, "विजय या वीरगति! मेरी पूरी बटालियन या तो वीरगति को प्राप्त करके नीचे आएगी या विजय प्राप्त करके। इससे पहले हममें से कोई नीचे नहीं आएगा। जय हिंद!"

यह सुनकर उच्चाधिकारी तो उनकी लीडरशिप के कायल हुए ही, लेकिन हम जैसे नौजवान भी प्रेरणा से भर उठे। हम अपने साथियों का बदला लेने और अपने साथियों के पार्थिव शरीर को उठाने की नई योजना बनाने लगे। 'करो या मरो' की स्थिति थी और हम जान की बाजी लगाने को तैयार थे।

2 जून, 1999 को लेफ्टिनेंट कर्नल आर. विश्वनाथन की अगुआई में हमला किया गया और हमले में विश्वनाथन साहब बुरी तरह जख्मी हो गए। उनको जख्मी अवस्था में बटालियन कमांडर तक लाया गया। तब तक उनकी साँसें चल रही थीं। उसी दौरान कमांडिंग ऑफिसर साहब के संचार स्थायित्व करनेवाले जवान को भी गोली लग चुकी थी। उन्होंने विश्वनाथन साहब को जख्मी अवस्था में देखा तो उनके भी प्राण सूख गए, क्योंकि वे एक होनहार, काबिल, निडर अधिकारी थे।

ठाकुर साहब उनको सांत्वना दे रहे थे, लेकिन विश्वनाथ साहब तोलोलिंग चोटी के हालात की जानकारी दिए जा रहे थे। उनको आभास था कि वे नहीं बच पाएँगे, लेकिन जाने से पहले ऊपर की जितनी भी जानकारियाँ, जो ऊपर उन्होंने दुश्मन की पोजीशन को देखा, सब बताना चाह रहे थे, ताकि उनके बाद सही प्लानिंग से हमला हो सके और हमारी कम-से-कम कैजुअल्टी हो। यह तमाम जानकारी वे अपनी रुकती हुई साँसों के साथ बताते चले जा रहे थे।

कमांडिंग ऑफिसर साहब को भी लगने लगा कि यह अब नहीं बचेंगे। उन्होंने उनकी बातें सुनते-सुनते उनके घर पर सैटेलाइट वाले फोन से फोन मिला दिया। उधर से उनकी पत्नी की सिर्फ हैलो की आवाज आई। साहब ने वह आवाज सुनी, और उसी समय उनके प्राण पखेरू उड़ गए।

यूनिट के लिए और भारतीय सेना के लिए यह सबसे बड़ी क्षति थी, क्योंकि वे इतने ज्ञानी, विवेकशील, कौशल परायण और अनुभवी अधिकारी थे। उनका संवाद कौशल उच्च कोटि का था। वे जब से अधिकारी बने, तब से प्रशिक्षण के क्षेत्र में अपनी कुशलता का लोहा मनवा रहे थे। हर बड़ी-बड़ी कॉन्फ्रेंस में उनको बुलाया जाता था।

रात को हम बेफिक्र होकर सोते हैं,
क्योंकि एक सैनिक जाग रहा होता है,
और यकीन दिलाता है कि देश सुरक्षित हाथों में है।

□

ले. कर्नल आर. विश्वनाथन

मुझे याद है कि वर्ष 1998 में जब कमांडिंग ऑफिसर छुट्टी पर थे तो विश्वनाथन साहब कमांडिंग ऑफिसर की पूरी ड्यूटी कर रहे थे। उनकी कमांड आते ही जब एक ऑपरेशन सुंबल गाँव में लॉन्च किया गया तो यूनिट को आठ महीने के बाद पहली बार आतंकवादी को मारने में सफलता मिली थी। लेकिन इस ऑपरेशन में हमारे दो जवान भी शहीद हो गए थे।

जब सुबह-सुबह गाँव की मसजिद से गाँववालों को बाहर निकालने के लिए घोषणा की गई तो मसजिद के बगलवाले घर में ही आतंकवादी छुपे हुए थे। उन्होंने जैसे ही घोषणा सुनी, तभी हमारी टीम पर फायरिंग कर दी। वह टीम थी हमारे कमान अधिकारी विश्वनाथन साहब की। उन्होंने पीछे मैसेज दिलवाया कि जिस किसी के पास रॉकेट लॉन्चर है, लेकर तुरंत हमारे पास आए। उस दिन मैं ही ऐसा जवान था, जो रॉकेट लॉन्चर को लेकर आया था, क्योंकि कंपनी हवलदार मेजर ने मुझे वह सजा के तौर पर दिया था।

उससे पिछली रात को एक जगह, जहाँ पर हमारी टीम गई हुई थी, वहाँ

फायरिंग हो गई थी। रात को हमारी टीम उस टीम की सहायता के लिए गई, तो खेतों में चलना पड़ा, जिससे पूरे जूते कीचड़ से भर गए। जब तक हम उस टीम के पास पहुँचे तो उग्रवादी बहुत दूर पहाड़ियों में भाग चुके थे।

रात को लगभग 2 बजे हम वापस आए और सुबह हमारा कंपनी कमांडर से साक्षात्कार होना था। साक्षात्कार के समय एक सैनिक की ड्रेस एक दर्जे की होनी चाहिए। मेरी ड्रेस तो ठीक थी, लेकिन जूते पानी से भीगने के बाद उन पर कितनी ही पॉलिश लगा लो, जब तक वे सूखेंगे नहीं, चमक नहीं आएगी। कंपनी कमांडर का इतना बोलना हुआ कि कंपनी हवलदार मेजर—जोकि कंपनी के अनुशासन और ट्रेनिंग का जिम्मेदार होता है—उसको अपनी बेइज्जती महसूस हुई।

उसने मुझसे गुस्से में कहा, "तेरे से जूते नहीं चमकते हैं? मुझे दे देना, मैं चमका दूँगा।"

साक्षात्कार समाप्त हुआ ही था कि यूनिट हेड क्वार्टर से आदेश आ गया कि सुंबल गाँव में आज ऑपरेशन लॉञ्च होगा और वहाँ पैदल ही जाना होगा। आदेश आते ही कंपनी मेजर दयाराम ने मुझे बुलाया और कहा, "तुम रॉकेट लॉञ्चर को लेकर जाओगे।"

मैंने कहा, "सर, मुझे यह चलाना ही नहीं आता।"

उन्होंने कहा, "चलाने के लिए तुम्हारा टीम लीडर है; आपको लेकर जाना है।"

मैंने कहा, "ठीक है सर!"

उस हथियार का वजन सोलह किलो, उसके 4-4 किलो के दो बम और अपना पर्सनल हथियार ए.के.-47, उसका एम्युनिशन सब मिलाकर 25-30 किलो का वजन हो गया था। खैर, मैं उस रॉकेट लॉञ्चर को पैदल ही लेकर गया।

जब विश्वनाथन साहब ने उस हथियार को मँगवाया तो मेरे टीम लीडर ने मुझे उसे लेकर जाने को कहा। हम गाँव के बाहरी घर के पास पोजीशन लेकर बैठे हुए थे। सामने गाँव का मेन रास्ता था, जिस पर लगातार उग्रवादी गोलियाँ बरसा रहे थे। तभी मैं उस हथियार को लेकर उनके पास पहुँचा।

उन्होंने पूछा, "बेटा, इसको चलाना आता है?"

मैंने कहा, "साहब, नहीं आता। मैं अभी नौ महीने पहले ही यूनिट में आया हूँ।"

उन्होंने बड़े प्यार से कहा, "कोई बात नहीं।"

इसके बाद उन्होंने उस हथियार से खुद फायर किया और वहाँ से निकलकर गाँव के बाहर आकर सर्च ऑपरेशन के लिए टीम नियुक्त की।

मेजर राकेश अधिकारी साहब की सर्च टीम में दो दिन तक गाँव की तलाशी की गई, जिसमें एक उग्रवादी मारा गया और हमारे 2 जवान शहीद हुए।

मुझे उनके साथ जून से लेकर अगस्त माह तक चलनेवाली अमरनाथ यात्रा की सुरक्षा के कार्य में भी साथ काम करने का मौका मिला था।

विश्वनाथन साहब एक नेक और कर्मठ व्यक्तित्व के इनसान थे। उनकी शहादत से पूरी यूनिट गम में डूब गई। उनकी शहादत का बदला लेने के लिए यूनिट के हर जवान का खून खौलने लगा। ऊपर से उच्च अधिकारी बटालियन कमांडर पर लगातार हार का ठीकरा फोड़ रहे थे। एक नया दबाव बना रहे थे, बोल रहे थे कि जीत नहीं मिल रही तो नीचे आ जाओ। लेकिन बटालियन कमांडर ने भी अपने अटल इरादे को दोहराया—"नीचे तो वीरगति या विजय के उपरांत ही आ सकते हैं। उससे पहले नहीं आएँगे।"

फिर उन्होंने कहा, "अगर आप हमारी यूनिट की सहायता ही करना चाहते हैं तो हमको री-इंफोर्समेंट दे दीजिए।"

उसके बाद दो राजपूताना राइफल को तोलोलिंग के लिए नियुक्त किया गया, जो हमको री-इंफोर्स करेगी और आगे हमला भी करेगी।

राजपूताना राइफल के कमांडिंग ऑफिसर कर्नल रविंद्र ने हमले से पहले उच्च अधिकारियों से मीटिंग की और वहाँ से जमीनी जानकारी लेकर बातचीत की। हमारी फौज को जीत हासिल करने के लिए आर्टिलरी के फायरिंग सपोर्ट की बहुत जरूरत थी। दुश्मन को सिर्फ अपनी बंदूकों के फायर से नहीं दबाया जा सकता था तो पैदल सेना कैसे उनके नजदीक पहुँचकर हमला करके कामयाबी हासिल कर पाएगी!

बहुत विचार-विमर्श के पश्चात् द्रास कारगिल बटालिक सेक्टर में आर्टिलरी गानों की डेप्लॉयमेंट शुरू की गई।

लेकिन आर्टिलरी गन्स को लाइन ऑफ कंट्रोल (LoC) के पास फायर करने की इजाजत नहीं दी गई। यह युद्ध एक नैतिक और अनैतिक के परिप्रेक्ष्य को दुनिया में दरशाने का भी युद्ध रहा। उनकी आर्टिलरी की गनें हमारे सैन्य और सिविल इलाकों में अंधाधुंध फायर कर रही थी, लेकिन हमारी गनें सिर्फ लाइन ऑफ कंट्रोल के भीतर ही दुश्मन की कब्जा की गई पोस्ट्स पर फायर करने लगीं।

4-5 जून : इसके बाद राजपूताना रायफल के जवान भी हमला करने के लिए अपनी टीमों के लिए एम्युनिशन ऊपर पहुँचाने लगे। हमारी टीम तो लगातार एम्युनिशन और राशन ले जा ही रही थी। 9 या 10 जून की रात थी, जब हम ऊपर अपने साथियों को एम्युनिशन और राशन पहुँचाने जा रहे थे। राजपूताना राइफल की टीम भी हमारे साथ थी। ऑक्सीजन की कमी के कारण 10 कदम चलते ही साँस को सामान्य करने के लिए बैठना पड़ता था। हम सब एक पत्थर के नीचे बैठे हुए थे और उनके भी जवान वहाँ पर मौजूद थे।

उनमें एक ही परिवार के सात सैनिक थे, जो सूबेदार, हवलदार और

सिपाही होंगे। उनमें एक कह रहा था, "साहब, हम तो एक ही परिवार के हैं। आपको सात ताबूत लाने की जरूरत नहीं, सभी को एक ही ताबूत में डालकर भेज देना। 6 ताबूत का देश का पैसा बचेगा।"

उनकी वह बात सुनकर लगा कि वास्तव में भारतीय सेना का जवान अपनी आखिरी साँस और साँसों के थमने के बाद भी सिर्फ देश की ही भलाई के बारे में सोचता है।

मुश्किल वक्त से लड़ना आसान हो जाता है, जब हम एक-दूसरे का खयाल रखते हैं और चाहे कुछ हो जाए, हमारा हौसला बुलंद रहता है।

□

तोलोलिंग की चोटियों पर तिरंगा

आखिरकार 12 जून को तोलोलिंग टॉप पर हमले की प्लानिंग की गई। मुझे याद है, 12 जून की शाम से हमारी आर्टिलरी की गनों ने तोलोलिंग टॉप पर फायरिंग शुरू की। सैकड़ों बंदूकें उस पहाड़ी पर गोले गिरा रही थीं। जैसे ही गोला उस पहाड़ी पर गिरकर फटता था, उसके टुकड़े दूर-दूर तक जाते थे। पूरी पहाड़ी पर आग-ही-आग नजर आ रही थी। हम पूरी रात उस नजारे को देखते हुए ऊपर चढ़ते रहे। सुबह राजपूताना राइफल ने जब हमला किया तो ज्यादातर दुश्मनों को हमारी आर्टिलरी गनों ने मौत की नींद सुला दिया था। कुछ ही दुश्मन जिंदा बचे थे।

जब हमला हुआ तो राजपूताना राइफल के चार अधिकारी और कई सैनिक शहीद हुए, लेकिन हिंदुस्तान की सेना को पहली सफलता प्राप्त हो गई थी।

भारत की तोलोलिंग पहाड़ी वापस हमारे कब्जे में तो आ गई, लेकिन इस पहली सफलता की खातिर बहुत कुरबानी देनी पड़ी।

इस पहली जीत ने हिंदुस्तान की सेना के हौसले को बढ़ा दिया। साथ ही पाकिस्तानी सेना के मनोबल को तोड़कर रख दिया। दो राजपूताना राइफल यूनिट अपनी फतेह के बाद नीचे आ गई थी। हमारी यूनिट को व्यक्तिगत कोई उपलब्धि या विजय नहीं मिल पाई थी तो हमको व्यक्तिगत विचार और अपने साथियों का बदला लेने के लिए तोलोलिंग टॉप से ऊपर 7 और चोटियों पर हमला करने का आदेश मिला।

13 जून की शाम को हम हमले की तैयारी कर रहे थे और जवानों के हौसले बुलंद थे। सभी सेक्टर में भारतीय सेना ने सफलताओं का सिलसिला शुरू कर दिया था। एक जीत की गति बनी हुई थी और उसी को कायम रखने के लिए हमारी तैयारी चल रही थी।

हमले के लिए ब्रीफ किया जा रहा था। तभी उस खड़ी हुई टीम के बीच पाकिस्तानी आर्टिलरी की गन का गोला गिरा। गोले के गिरते ही हमारे कई जवानों के अंग-भंग हुए, पार्थिव शरीर जमीन पर फैल गए। किसी की गरदन कट चुकी थी, किसी के हाथ-पाँव कट गए।

हमले से पहले इतनी बड़ी त्रासदी हमने कभी सपने में भी नहीं सोची नहीं थी। पूरी यूनिट में मायूसी छा गई, लेकिन साथ-ही-साथ उनका बदला लेने की आग भी दिलों में जल उठी।

बहुत सारे जवान साथियों के शरीरों को नीचे ले जाने लगे और बाकी जवानों ने होश और जोश के साथ उन चोटियों पर हमला बोल दिया।

इसी के साथ 14 जून सुबह तक अपने साथियों का बदला लेते हुए उन सात शिखरों पर हिंदुस्तान का तिरंगा लहरा दिया।

~✤~

यूनिट की सफलता के बाद हमारी यूनिट को नीचे उतरने का आदेश मिला। हम अपने हथियार साजो-सामान को नीचे लाने लगे। हमारी यूनिट की

जगह 13 जम्मू एंड राइफल ने ली। उनको कब्जेवाली जगह पर बिठाकर आगे की लड़ाई लड़ने अपनी चौकियों पर पुनः दो-तीन दिन में अपने सामान के साथ नीचे आ गए।

हमारी यूनिट तोलोलिंग की लड़ाई लड़ने के बाद अपने साजो-सामान, हथियारों के साथ लौट आई। हम जानते थे कि हमारे बहुत से साथी शहीद हो चुके थे। और जो साथ थे, आपस में एक-दूसरे को पहचान भी नहीं पा रहे थे। सभी की लंबी-लंबी दाढ़ी बढ़ी हुई थी। चेहरे बिल्कुल फटे हुए, काले पड़े हुए थे, क्योंकि 22-25 दिन से न कोई नहाया था, न ढंग से खाना खाया था। सिर्फ दिन-रात मोर्चे पर डटे रहे थे।

मतियान में टेंटों में रहना शुरू किया। लगभग एक महीने बाद नहाए और फिर अपने साजो-सामान, हथियारों की जाँच तथा रखरखाव में लग गए। इसी के साथ अपने अगले टास्क के आदेश की प्रतीक्षा करने लगे। हममें वह जज्बा था कि हमने इन पहाड़ों में बहुत-कुछ खोया है। अब दूसरा टास्क मिलने पर हम फिर दुश्मन से टकराने और अपने साथियों का बदला लेने में जुट गए।

जो राह में आनेवाली चुनौतियों की परवाह किए बिना आगे बढ़ते हैं, जीत उनके कदम चूमती है।

□

टाइगर हिल की लड़ाई

अभी मतियान में हम अपने दूसरे टास्क का इंतजार कर ही रहे थे कि अचानक कमांडिंग ऑफिसर ने पूरी बटालियन का दरबार लिया, यानी सैनिक सम्मेलन। उन्होंने हमें दूसरे टास्क की जानकारी दी।

हमारी सेना ने हमारी बटालियन को अपने जवानों की शहादत का बदला लेने तथा भारतीय सेना की एक महत्त्वपूर्ण और चुनौतीपूर्ण पोस्ट को वापस लेने का कार्य दिया था। हमें टाइगर हिल पर विजय हासिल करनी थी।

टाइगर हिल दूसरे ब्रिगेडियर के क्षेत्रवाली पहाड़ी थी, लेकिन हमारी यूनिट को यह टास्क दिया गया। यह टास्क तोलोलिंग पर हमारी बहादुरी, वीरता, साहस, पराक्रम और धैर्य को मद्देनजर रखते हुए दिया गया। अब हमें अपने रेजिमेंट की आन, बान और शान की खातिर हर हाल में इस टास्क में विजय प्राप्त करनी थी।

दरबार के दौरान उन्होंने कंपनी टीमों के टास्क के सभी जवानों को जानकारी दी। उन्होंने टाइगर हिल पर किस प्रकार हमला किया जाएगा और

किस-किस कंपनी व टीम को किस क्रम में रखना है, वह सब समझाया।

कौन सी बटालियन कहाँ पर डेप्लॉय है और हमारी बटालियन की कौन सी कंपनी की डेप्लॉयमेंट कहाँ पर होगी, लगभग एक घंटे के दरबार में सभी जवानों को बताया गया।

यह सच है कि जब हर जवान को टास्क के बारे में जानकारी होगी और जब हमले की रणनीति या प्लान बनाया जाएगा तो जवान अपनी सूझबूझ और ज्ञान से उस प्लान को बेहतर बनाने के लिए अपने सुझाव दे पाते हैं। जब प्लान अच्छा होगा तो टीम के सदस्य उस प्लान के कठिन हालातों को भी समझ पाएँगे और खुद को मानसिक रूप से तैयार तथा मजबूत कर पाते हैं। सभी को जानकारी होती है कि अब हमें क्या करना है। अगर किसी भी प्लान में सभी की राय लेकर प्लान बनाया जाता है तो निश्चित ही उस प्लान से जीत हासिल होती है और हम सभी के पास तोलोलिंग की लड़ाई का अनुभव भी अभी ताजा था। उसी अनुभव और सभी सैनिकों के विचार-विमर्श के आधार पर टाइगर हिल को फतह करने की रणनीति और प्लान को तैयार किया गया।

टाइगर हिल द्रास सेक्टर की सबसे ऊँची चोटी है, जिस पर बैठा दुश्मन पूरे द्रास सेक्टर को अपनी निगरानी में रखे हुए था। हमारी हर गतिविधि का उसको पता चल रहा था और साथ-ही-साथ जो हमने नीचेवाली पहाड़ियों और शिखरों पर कब्जा कर लिया था, उसका भी उसको ज्ञान था। उन पर भी वह ऊँचाई का फायदा उठाकर लगातार बमबारी करके हमारी सेना की कैजुअल्टी को बढ़ाता जा रहा था।

अपनी कैजुअल्टी रोकने के लिए ऊँची पहाड़ियों पर कब्जा करना बड़ा महत्त्वपूर्ण था। वैसे पहाड़ियों की लड़ाई में ऊँचाईवाली पहाड़ी पर कब्जा ही अपनी जीत को सुनिश्चित करता है, क्योंकि ऊँचाई से पूरी स्थिति को अपने नियंत्रण में रखा जा सकता है, साथ ही दुश्मन की हर गतिविधि को निगरानी में रखा जा सकता है।

आज पाकिस्तान की सेना सभी ऊँची चोटियों को अपने कब्जे में किए बैठी थी, जो हमारी सेना की हर गतिविधि को अपनी निगरानी में रखे हुए था।

हमारी सेना के उच्च कमांडर और फ्रंट पर लड़ रहे कमांडो के साथ बहुत गहन विचार-विमर्श किया गया और विचार-विमर्श के बाद फैसला लिया गया कि हर सेक्टर की ऊँची पहाड़ियों को अपने कब्जे में लिया जाए, ताकि दुश्मन का पूरी तरह से खात्मा किया जा सके।

हमारी सेना छोटी-छोटी पहाड़ियों पर कब्जा करके उन्हें मार रही थी और उन्हें पीछे धकेल रही थी। लेकिन अपनी जीत को जल्दी सुनिश्चित करने के लिए यही तय किया गया कि अब ऊँची पहाड़ियों की चोटियों पर कब्जा करना ही होगा।

इन पहाड़ियों की ऊँची चोटियों पर कब्जा करना बिल्कुल आसान नहीं था, लेकिन भारतीय सेना तो असंभव कार्य को संभव करने के लिए जानी जाती है। इसी श्रृंखला में द्रास सेक्टर की टाइगर हिल पर हमला करके कब्जा करना था।

जब हमारी यूनिट को यह टास्क दिया जा चुका था तो यूनिट के जवान मिले हुए कार्य को पूर्ण करने और रेजिमेंट, सेना और देश के मान-सम्मान को बढ़ाने के लिए अपनी तैयारी में जुट गए। हमारी यूनिट के सहयोग के लिए 86 यूनिट बेस कैंप देने के लिए डेप्लॉय थी।

यूनिट कमांडर की प्लानिंग के अनुसार घातक प्लाटून टाइगर हिल पर पीछे से जाकर दुश्मन पर हमला करेगी। घातक प्लाटून की सपोर्ट के लिए D और C कंपनी रहेंगी। A कंपनी फ्रंट से दुश्मन पर हमला करेगी। B कंपनी को रिजर्व में रखा गया था कि जहाँ पर जरूरत पड़ेगी, उस कंपनी को सहायता के लिए भेजा जा सकता है।

इस प्रकार पूरी प्लानिंग हो जाने के बाद घातक प्लाटून के जवानों की

संख्या पूर्ण करने के लिए यूनिट की चारों कंपनियों से उन जवानों को चुना जाने लगा, जो तोलोलिग की लड़ाई में फिजिकल और मानसिक तौर पर फिट रहे, उन्हें आगे रखा गया, क्योंकि इस पहाड़ी की ऊँचाई 16,500 फीट थी। ऑक्सीजन की बहुत ज्यादा कमी थी, इसलिए इस टीम में नए और पुराने जवानों को शामिल किया गया था।

हमारी टीम पहले से ही एक घातक टीम थी। लेकिन तोलोलिंग की लड़ाई में इस टीम के कई सैनिक शहीद हो चुके थे। उनकी अपूर्ति के लिए नए जवानों के चुनाव की प्रक्रिया शुरू हुई।

मैं आप सबको बताना चाहता हूँ कि किसी भी इनसान की पहचान किसी ओहदे या पद से नहीं, बल्कि उसके कार्यों से बनती है। मेरी भी उस समय यही पहचान थी कि योगेंद्र B कंपनी की पाँच प्लाटून की नंबर 1 सेक्शन का नंबर 1 राइफलमैन है। इससे अलग कोई और पहचान नहीं थी। न मैं कोई विशेष शक्ति लेकर इस धरती पर अवतरित हुआ हूँ, न कोई विशेष योग्यता थी, जिसके कारण सेना में भर्ती हुआ था। मैं आम सैनिक प्रक्रिया के तहत भर्ती हुआ जवान था।

आप सबकी तरह एक आम इनसान और आम सैनिक ही तो था। तब तोलोलिंग की चोटी पर 22 दिन हमारी टीम ने भीषण संग्राम लड़ा। उसमें हमारे दो अफसर, दो जूनियर कमिश्नर अफसर और इक्कीस जवानों ने अपने प्राण देकर भारत माँ के मस्तक को झुकने नहीं दिया था।

उसी भीषण संग्राम में जो हमारी 15 जवानों की टीम फ्रंट में लड़ रही थी, उन्हें एम्युनिशन और राशन पहुँचाने का काम हमें दिया गया था। 15 सैनिकों में से हम तीन जवान ऐसे भी थे, जो बिना रुके, बिना थके लगातार 22 दिनों तक अपने कार्य को बिना डरे, बिना सोचे करते रहे। सुबह 5 बजे नीचे से पूरा सामान लेकर चलते थे। रात को 2 बजे, कभी 2:30 बजे पहुँचते थे। दुश्मन की आर्टिलरी फायर के बीच से रोज आना-जाना होता था।

मैंने हमेशा इस जीवन को सागर और कर्मों को मथनी की तरह सोचा है। भाव उस मथनी की रस्सी हैं, जो जीवन को मथने का काम करते हैं। आप भी देख लीजिए इस प्रयोग को, क्योंकि हम जिस सोच या भाव से अपने कर्मों की मथनी को मारते हैं, वैसा ही इस जीवन-सागर से अमृत बाहर आता है। मैंने जो अपनी सोच भाव से कर्मों की मथनी से जीवन सागर को मथा, उसी के परिणामस्वरूप मुझे उस घातक प्लाटून के सदस्य के रूप में चयनित किया गया। मेरी जो फ्रंट में दुश्मन से लड़ने की गहन इच्छा थी, वह पूरी हो गई। मैंने खुद को उस टीम का सदस्य होने पर सौभाग्यशाली समझा।

टीम कट ऑफ इतना महत्त्वपूर्ण था कि उस टीम के पास पूरी यूनिट की मान-मर्यादा, प्रतिष्ठान का खयाल रखने की जिम्मेदारी थी। उसी समय हमारी यूनिट में एक नए ऑफिसर कमीशन होकर आए थे। उनको उस टीम का कमांडर नियुक्त कर दिया गया। उनका नाम था लेफ्टिनेंट बलवान सिंह। हम अपने इस कमांडर की लीडरशिप से बहुत खुश थे। वे भी टीम सदस्यों के साथ कंधे-से-कंधा और कदम-से-कदम मिलाकर चल रहे थे।

फिर हमने अपने टास्क को पूरा करने की पूरी तैयारी की और कठिन-से-कठिन अभ्यास करना शुरू कर दिया था। हम जितनी अच्छी तैयारी और कठिन-से-कठिन अभ्यास करते थे, उससे अपनी हर छोटी-छोटी चीजों की काबिलीयत को बढ़ावा और कमजोरी को दूर किया जा सकता है। हम जब अभ्यास करते हैं तो अपने साजो-सामान, हथियार, लीडर और खुद पर विश्वास और भरोसा बढ़ जाता है। यह विश्वास-भरोसा काम के प्रति निष्ठा और पक्की जीत का मूल मंत्र है। हम इसी मूल मंत्र को हासिल करने में लगे हुए थे।

आखिरकार उच्चाधिकारियों की प्लानिंग और हमारी तैयारी के आधार पर 2 जुलाई को हमले की तारीख निश्चित कर दी गई।

टाइगर हिल की लड़ाई

2 जुलाई का दिन भी आ गया।

मैं मानता हूँ कि यह धरती और इनसान विश्वास एवं आस्था पर ही तो कायम हैं। भारतीय सेना किसी एक संस्कृति या धर्म को नहीं मानती, बल्कि सभी संस्कृतियों और धर्मों को माननेवाली संस्था है। जैसे भारत के लोग या दुनिया के लोग किसी भी काम का शुभारंभ करने के लिए हवन, पूजा-पाठ करके अपने काम शांतिपूर्ण और बिना विघ्न आए करते हैं, हमारी बटालियन कमांडर ने जीत की शुभकामनाओं के लिए बटालियन में आत्मिक शक्ति का वर्धन करने हेतु और यूनिट की जीत के लिए हवन का आयोजन कराया। हवन के साथ-साथ अपने साथियों के बलिदान का बदला लेने के लिए और अपनी मौत के डर को हवन की पावन अग्नि में आहुति दे डाली। फिर हवन के पश्चात् शाम को चलने की तैयारी में लग गए।

मैंने इस जीवन को हमेशा ही एक समंदर और कर्मों से भरे मथनेवाले पात्र यानी मथानी के रूप में देखा है। व्यक्ति की भावनाएँ मथानी की रस्सी के जैसी होती हैं, जिससे मथने में मदद मिलती है। हमारा जीवन भी कुछ ऐसा ही है। आपकी जैसी सोच होगी, आपको अपने कर्मों के वैसे ही परिणाम मिलेंगे।

□

काररवाई की तैयारी

दोपहर तक हम सभी ने अपने हथियार, साजो-सामान ले लिया था। हम टेंटों में ही तो रह रहे थे। एक टेंट में 10 जवान रहते थे। हमारी टीम के दो टेंट थे। हम सभी जानते थे कि आनेवाला समय कितना नाजुक है और शायद आज के बाद चिट्ठी लिखने का मौका न मिले। तो रेस्ट करने के बजाय हम सब अपने-अपने परिवारवालों को चिट्ठी लिखने के लिए बैठ गए। मैंने दो चिट्ठियाँ लिखीं—एक तो अपनी नई-नवेली पत्नी के लिए और दूसरी अपने माता-पिता के लिए। ये चिट्ठियाँ लिखना मेरे लिए बेहद मुश्किल था, पर मैं कर्तव्य की राह पर निडर था।

चिट्ठी लिख हम सभी कुछ देर के लिए सो गए। कहते हैं कि हमारे जीवन में कुछ बुरा होने से पहले उस बुरी चीज का संकेत हमको मिल जाता है। वह अलग बात है कि हम उन संकेतों को नजरअंदाज कर देते हैं। परंतु अभिभूत होकर जो हमारा मन कह रहा है, उसी अनुरूप कार्य को करने लग जाते हैं। हमारी जो आत्मा है, वह परमात्मा का अंश होती है।

आत्मा तो इनसान को समय-समय पर होनेवाली घटित घटनाओं के बारे में सूचित करती रहती है, लेकिन हम समझ ही नहीं पाते, और फिर भगवान् को दोष देने लग जाते हैं कि भगवान् ने इसके साथ बहुत बुरा किया। अरे, ईश्वर का क्या दोष है! उसने तो घटित होनेवाली घटना के प्रति आगाह कर दिया था। अगर इनसान ही खुद न समझकर कर्म करे तो उस ईश्वर का क्या दोष है।

मैंने यह उस कैंप में महसूस किया कि हर इनसान के साथ ईश्वरी शक्ति जरूर होती है। मैंने यह देखा और महसूस किया है, जब हम कुछ देर के लिए सोए थे।

मैं सो रहा था, तभी मुझे सपने में दिखाई दिया कि मैं गोलियों से छलनी हूँ और शरीर से लहू की धारा बह रही है। सपने में मेरा पूरा शरीर लहूलुहान अवस्था में पड़ा हुआ है। बस इतना देखकर आँख खुली और उसी समय इतना बड़ा बवंडर आया कि हमारा टेंट ही उड़कर पहाड़ी की तलहटी तक जा पहुँचा। हमारे कुछ जवान टेंट को पकड़ने के लिए भागे और कुछ टेंट में रखे हमारे सामान को एकत्र करने दौड़े।

सारा सामान तितर-बितर हो गया था। हमारी लिखी हुई चिट्ठियाँ भी उस आँधी में उड़ गई थीं। मुझे किसी ने कहा, "तू चिट्ठियों को ढूँढ़कर ला।" मैंने सब की चिट्ठियों को ढूँढ़ने का भरसक प्रयास किया, लेकिन सबकी एक-एक चिट्ठी ही मिल पाई। फिर सबकी उन चिट्ठियों को अपने एक जूनियर कमीशन ऑफिसर को दे दिया, ताकि वह हमारी चिट्ठियों को अगले दिन पोस्ट कर सके और फिर अपना सारा सामान समेटा। जो सामान साथ ले जाना था, उसको अलग रखा।

शाम के वक्त हमको टाइगर हिल के नजदीक-से-नजदीक छोड़ने के लिए गाड़ी में भेजा गया। एक-दो घंटे के सफर के बाद हम टाइगर हिल की तलहटी में बसे गाँव के पास पहुँचे। वहाँ कुछ देर खाने-पीने का सामान लिया

और अँधेरा होने का इंतजार किया, क्योंकि ऊँचाई पर बैठा दुश्मन अगर हमें आगे बढ़ते देख लेगा तो आसानी से दूर से ही बरबाद कर देगा।

इसलिए हमको अपने मूवमेंट की तमाम गतिविधियों को दुश्मन से छुपाकर रखना बहुत जरूरी था, ताकि हम दुश्मन की पोस्टों तक आसानी से पहुँच सकें। जब बहुत घना अँधेरा हुआ तो हमको टाइगर हिल पर चढ़ने का आदेश मिला। आदेश मिलते ही हमारी टीम ने उस पर चढ़ना शुरू कर दिया। पहाड़ी पर ऑक्सीजन की तो कमी थी और हर जवान की पीठ पर लगभग 25 से 30 किलो वजन भी था।

बर्फीली हवा, पहाड़ियों का रास्ता और ऊपर से इतना वजन; ऑक्सीजन नहीं के बराबर थी, लेकिन इन सबकी हमने कोई परवाह नहीं की। हमें चलना बड़ा मुश्किल हो रहा था। कभी सौ कदम, तो कभी पचास कदम में साँस उखड़ने लग जाती थीं। फिर बैठ जाते, कुछ देर आराम करते, फिर चलते—इस तरह हमने पूरी रात में कुछ सफर तय कर लिया था। हम वहाँ पहुँच गए थे, जहाँ हमारी 8 सिख बटालियन ने एक फर्म बेस बनाया हुआ था। फर्म बेस वह सुरक्षित जगह होती है, जहाँ दुश्मन पर तो हम हमला कर सकते हैं, लेकिन वहाँ दुश्मन का हमला असंभव होता है। हम जब फार्म बेस पहुँचे, तब तक सुबह हो गई थी।

हमसे कहा गया कि आप सब पत्थरों के पीछे छुपे रहो। हम बिना हरकत किए पूरे दिन पत्थरों में छिपे रहे। कुछ खाना नहीं, पीना नहीं, कोई दैनिक क्रिया नहीं। जब अँधेरा होने लगा तो हमें पता था कि अब चलने का आदेश मिलनेवाला है। तब हमने अपने साथ लाए स्टोव पर चाय बनाई, कुछ बिस्कुट और शक्करपारे[8] खाए और आदेश मिलने पर फिर उस पहाड़ी पर चढ़ना शुरू कर दिया।

अब चलना और मुश्किल हो रहा था, क्योंकि जैसे-जैसे हम ऊँचाई पर

8. *एक मीठा नाश्ता।*

चढ़ते जा रहे थे, ऑक्सीजन और भी कम होती जा रही थी, परंतु बर्फीली हवा की गति तेज हो रही थी। इन सब कठिनाइयों के बावजूद हमारे कदम रुके नहीं, बल्कि एक विश्वास और भरोसे के साथ बढ़ते रहे, जो विश्वास देश हम पर कर रहा था, उस विश्वास को हमें कायम रखना बहुत जरूरी था। उसी भरोसे और विश्वास की खातिर हम पूरी रात पहाड़ी पर चढ़ते रहे।

कभी-कभी हमारी इच्छाशक्ति हमारी सबसे बड़ी प्रेरणा बन जाती है। जब कोई भी शक्ति हमें अपने काम में मदद करती नहीं दिखती, तब उस शक्ति के लिए हमें अपने अंदर झाँकना चाहिए।

□

शिखर पर खड़ी चढ़ाई

सुबह तक जहाँ हम पहुँचे, वह एक शिखर की तलहटी थी। पहाड़ी क्षेत्र की एक बहुत बड़ी विशेषता यह है कि जब दूर से किसी पहाड़ी को देखते हैं, तभी हमें उसके मुख्य शिखर दिखाई देते हैं। लेकिन जैसे-जैसे हम उस पहाड़ी के नजदीक जाते हैं तो उसका मुख्य शिखर आँखों से ओझल हो जाता है। हमारे साथ भी वही हुआ।

जब हम पहाड़ी के नजदीक गए तो मुख्य शिखर तो आँखों से दिख नहीं रहा था। जो उसका पहला शिखर था, वही नजर आ रहा था। हमको भ्रम हुआ कि यही टाइगर हिल टॉप है।

हमारी टीम के साथ-साथ D कंपनी भी चल रही थी, जो हमारी टीम की सपोर्ट के लिए थी। उस कंपनी के कंपनी कमांडर कैप्टन सचिन निंबालकर[9] थे। उन्होंने हमारे टीम लीडर से कहा, "बलवान, यही तो टाइगर हिल टॉप है। चलो, अड्डा लगा देते हैं।" जैसे ही हम चोटी पर चढ़े तो आगे एक और चोटी नजर आई। तब हमें लगा कि यह टाइगर टॉप नहीं है, बल्कि आगेवाली चोटी

9. *युद्धभूमि में अपने शौर्य के लिए उन्हें प्रतिष्ठित वीर चक्र से सम्मानित किया गया था।*

है। फिर हमने उस चोटी की तरफ चढ़ना शुरू कर दिया।

चलते रहे, अपने आप को छुपाते-छुपाते। शाम को चोटी पर पहुँचे तो आगे एक और चोटी नजर आई। पूरी रात, पूरा दिन, बिना कुछ खाए-पिए हम चलते रहे। इतनी थकान हो गई कि हमारी साँसें ही उखड़ने लगीं। वहाँ उस चोटी पर हमने अपने हथियारों का डेप्लॉयमेंट शुरू किया।

हमारी एक टीम उस चोटी के आसपास के इलाके को सर्च करने गई कि दुश्मन नजदीक तो नहीं है, क्योंकि जो हालत उस समय हमारी हो रही थी, अगर दुश्मन नजदीक होता, उनको हमारी इस पोजीशन का पता चल जाता और वह हमला कर देता तो हम हथियार चला सकने की हालत में भी नहीं थे। वह आसानी से हमको मार सकता था। उनके उसी हमले से बचने के लिए हमने पहले उस इलाके की छानबीन करना जरूरी समझा।

जब हमारी सेना ऊपर दिखाई दे रही चोटी की तरफ सर्च कर रही थी, तभी उनके ऊपर दुश्मन ने फायर बोल दिया। वह टीम हमारे सामने ही थी। वे लोग वहाँ से चिल्लाने लगे, "हमको यहाँ से निकालो।"

हम सामने से फायर भी नहीं कर सकते थे, क्योंकि अगर हम फायर करते तो अपने जवानों को गोली लगने का खतरा था। आर्टिलरी फायर भी नहीं गिरवा सकते थे, क्योंकि उससे भी हमको ही खतरा था। उनको हमने आवाज देकर कहा कि आप पत्थरों की आड़ में रहो। जैसे ही अँधेरा होगा, आपको निकाल लिया जाएगा।

रात को लगभग 11 बजे हम उस टीम को वहाँ से निकालकर लाए। उस टीम के एक जवान को हाथ में गोली लगी थी, बाकी जवान सही-सलामत थे। जिस जवान को हाथ में गोली लगी थी, वह बहुत रो रहा था। मेरे सामने यह दूसरा जवान था, जिसको मैंने गोली लगने के बाद रोते हुए देखा था और मन-ही-मन सोचा करता था कि शायद गोली लगने के बाद बहुत दर्द-पीड़ा होती होगी।

उस जवान को रात में नीचे भेज दिया गया। तभी बटालियन कमांडर का आदेश आया कि अभी दुश्मन पर हमला किया जाएगा। फिर रात को लगभग 12 बजे हमले के लिए हम सब तैयार होने लगे। सभी ने अपना भारी सामान छोड़ा और आपस में बातें करने लगे।

एक ने कहा, "यार, अगर मैं मर जाऊँ तो आधे पैसे मेरी पत्नी और आधे मेरे माँ-बाप को दिलवा देना।"

मैं और योगेंद्र—मेरा सीनियर—उसी टीम में थे। उसने भी मुझसे कहा, "मैं अगर मर जाऊँ तो मेरी पत्नी को आधे पैसे दिलवा देना, जिससे वह लड़की की शादी कर पाए और आधे माँ-बाप को दिला देना।"

मैंने भी उसे यही कहा। हालाँकि मेरी पत्नी मेरे साथ कुल पंद्रह ही दिन रही थी। फिर मैंने सोचकर कहा, "अगर दोनों ही मर गए तो?" वह भी सोच में पड़ गया।

मैंने कहा, "ऐसा करते हैं कि मेरे पास एक नोटबुक है, उसमें लिख देते हैं।"

उसने कहा, "ठीक है!"

हमने उस नोटबुक में अपनी-अपनी बातें लिखीं और जो हमारा बड़ावाला पिट्ठू बैग था, उसमें रख दिया। ये विचार इसलिए आए, क्योंकि अब हमें ज्ञात हो चुका था कि दुश्मन कुछ ही दूरी पर है और बहुत भारी तादाद में मजबूत स्थिति में बैठा है। वहाँ से उस चोटी की बहुत कठिन चढ़ाई शुरू करनी थी। हम यहाँ से जाएँगे तो वापस या तो तिरंगा फहराकर आएँगे या तिरंगे में लिपटकर।

इन सब विचारों को लिखने के तुरंत बाद हमको चलने का आदेश मिला। योगेंद्र और मुझे उस टीम में सबसे आगे चलने के लिए नियुक्त किया गया। हम अपनी-अपनी जिम्मेदारी को बखूबी निभाने में सक्षम थे। अपनी और अपनी टीम की सुरक्षा हमारे कंधों पर ही थी।

शिखर पर खड़ी चढ़ाई

घनघोर काली रात थी तो बड़ी सहजता से पूरे इलाके को छान-छानकर चलते रहे। हमारा दुश्मन कहीं भी हो सकता था। जाने किस पत्थर के पीछे घात लगाकर बैठा हो, कुछ कहा नहीं जा सकता। इसलिए बड़ी सावधानी से चलते जा रहे थे।

कुछ दूर ही चल पाते थे कि साँस उखड़ने लगती थी। इसलिए धीरे-धीरे, रुकते-रुकते, चलते-चलते, अचानक ऐसी एक चट्टान पर पहुँचे, जिस पर चढ़ना नामुमकिन था। हमने रस्सी फेंकी और वह ऊपर कहीं पत्थरों में फँस गई। फिर हम उस 90 डिग्री की सीधी चट्टान पर रस्सी के सहारे चढ़े। सबसे पहले मैं चढ़ा और उस रस्सी को ठीक तरह से पत्थर से बाँधा, ताकि चढ़ते समय हमारे जवान गिर न जाएँ। फिर धीरे-धीरे हमारी टीम के जवान रस्सी के सहारे एक-दूसरे को सहारा देकर चढ़ने लगे।

इससे कुछ आवाज हुई और कुछ पत्थर हमारे पैरों से नीचे गिरने लगे तो पत्थरों की भी आवाज होने लगी। जब शांत वातावरण होता है तो धीमी-से-धीमी आवाज की गति भी तीव्र हो जाती है।

आसमान में हलकी सी लाली होने लगी थी। तभी उस चट्टान के दोनों तरफ बने पाकिस्तानी सेना के बंकरों से रायफलों के शोले बरसने लगे। जब उन बंकरों से फायर हुआ, तब तक हम सात जवान ऊपर चढ़ चुके थे। बाकी जवान दोनों तरफ से होनेवाली लगातार फायरिंग की वजह से ऊपर नहीं चढ़ पा रहे थे।

हमारा रास्ता कट ऑफ हो चुका था। हम सात जवान ऊपर चढ़े और देखा कि वहाँ काफी लंबा प्लेन इलाका है। हमारे सामने भी दो बंकर थे तो हमने भी फायर करना शुरू कर दिया। पल भर में ही उन बंकरों में मौजूद पाकिस्तानी सैनिकों को हमने मौत के घाट उतार दिया। अब टाइगर हिल टॉप पचास से साठ मीटर दूर ही रह गया था।

वहाँ पर मेन डिफेंस था। वहाँ सौ से डेढ़ सौ की संख्या में पाकिस्तानी

फौजी बैठे हुए थे। जब उन्होंने हमारे फायर की आवाज सुनी तो उन्होंने हम पर भारी तादाद में गोलीबारी शुरू कर दी। उस समय हम ऐसी स्थिति में आ गए थे कि अगर एक कदम आगे रखते हैं तो मौत, और पीछे हटना तो हिंदुस्तान के सैनिक ने सीखा ही नहीं है। न पत्थरों से उठ सकते, न आगे बढ़ सकते थे। हमें मालूम था कि हम चारों ओर से दुश्मन से घिर चुके थे।

चारों तरफ मौत-ही-मौत दिख रही थी। जब इनसान के सामने बचने के सारे रास्ते बंद हो जाते हैं तो डर भी खत्म हो जाता है। और हम तो सैनिक थे, जो बहुत दिन से गोलीबारी के माहौल में जी रहे थे। तो मौत का तो मुझे तनिक भी डर नहीं था। डर था तो बस यह कि टास्क पूरा होने से पहले मौत न आ जाए।

क्या आप जानते हैं कि हमारे देश और सेना की सबसे बड़ी शक्ति उसके सैनिक की वह सोच, वह त्याग और अपने टास्क को अंत तक ले जाने का जज्बा है! यह माँ भारती के लिए अटूट समर्पण है। उसका शरीर गोलियों से छलनी क्यों न हो जाए, उसके शरीर में रक्त का आखिरी कतरा और आखिरी साँस भी जब तक रहती है, तब तक उसके कदम दुश्मन के खात्मे के लिए दुश्मन की तरफ बढ़ते रहते हैं।

एक सैनिक के निधन पर उसका गाँव, गली, मोहल्ला और पूरा देश उमड़ पड़ता है। उसके सीने पर गोलियों के निशान उसका गहना होता है। यह देश और सेना की ताकत है।

मैंने भी उस दुविधा में फँसे बस यही सोचा कि मरना है तो मरेंगे, लेकिन उससे पहले दुश्मन का खात्मा करेंगे।

इसी सोच के साथ हम उनके बंकर की तरफ दौड़ पड़े। उन बंकरों में पड़े पाकिस्तानी सैनिकों के शवों को बाहर फेंका और उनके बंकरों को अपने बनाकर पोस्ट में तब्दील कर लिया। फिर शुरू हुआ भीषण संग्राम। दोनों तरफ लगातार गोलियों की बौछारें होती रहीं। उनकी तरफ से उनकी आर्टी के गोले,

मोर्टार के गोले और बड़े-बड़े हथियारों की फायरिंग लगातार चलती रही। लेकिन हम भी कहाँ कम थे! उनके हर प्रहार का जवाब निडरता के साथ, धैर्य के साथ देते रहे।

लड़ते-लड़ते पाँच घंटे बीत गए। दिन के लगभग दस या ग्यारह बजे होंगे। अपनी सोच में जीत का विश्वास कायम रखकर हिंदुस्तान का सैनिक जहाँ पर बैठ गया, उस जमीन को उससे तब तक कोई नहीं छीन सकता, जब तक उसके शरीर में जान है।

इतनी देर दुश्मन का सामना करने के बाद हमारे पास एम्युनिशन खत्म होने लगा था। अपने नीचेवाले साथियों को आवाज देकर एम्युनिशन फेंकने के लिए कहने लगे। हमारे साथियों ने रुमाल में बाँधकर एम्युनिशन ऊपर की ओर तो फेंका, लेकिन दुश्मनों की फौज ने हमें इस तरह घेर रखा था कि हम एक कदम भी इधर-उधर नहीं हो सकते थे।

उनकी गोलियाँ हमारे सिर के ऊपर से गुजर रही थीं। थोड़ा भी ऊपर उठे या उन पत्थरों से इधर-उधर हुए तो सीधा उनकी गोली हमारे शरीर को पार कर सकती थी। हम अपने साथियों के द्वारा फेंके गए एम्युनिशन को भी नहीं उठा पा रहे थे। फिर हमने प्लान किया कि जो पाकिस्तानी हमारे नजदीक पत्थरों में आकर छुपे हुए हैं, उनको कैसे बाहर निकाला जाए, ताकि उनको मारकर उनके एम्युनिशन का इस्तेमाल कर सकें।

इसी सोच के साथ हमने विचार किया कि जब पाकिस्तानी गन हमारे ऊपर फायर करेंगे तो हम अपना फायर बंद कर देंगे। जब हमारी तरफ से कोई फायरिंग नहीं होगी तो वे भी अवश्य ही पत्थरों से बाहर निकलेंगे और उसी का फायदा हम उठा सकते हैं। इसी विचार के साथ हमने अपनी-अपनी पोजीशन पत्थरों के पीछे ले ली। कुछ ही देर के बाद पाकिस्तानी गनों ने हमारे ऊपर गोले बरसाए, फिर उनकी गनें शांत हो गईं। हमारी तरफ से कोई फायर नहीं किया गया, कोई आवाज नहीं की गई।

वे हमारी इस खामोशी को देखते रहे, विचार करते रहे कि भारतीय सैनिकों का न तो फायर ही आ रहा है, न कोई आवाज कर रहे हैं। उन्होंने इस परिस्थिति को बहुत देर तक भाँपा और फिर वे पत्थरों से बाहर निकले। हम बिल्कुल शांत, खामोशी से यह सब पत्थरों के पीछे छुपे हुए देख रहे थे।

हमने देखा कि सामने एक बहुत बड़ा पत्थर था, जिसके पीछे से वे एक-एक करके बाहर निकल रहे थे। जब सभी उस पत्थर के सामने आ गए और हमारे ठीक सामने थे, हमने एक साथ उनके ऊपर फायर खोला। उनमें से कोई एक या दो ही बचे होंगे और बाकी सबको हमने मार गिराया।

मौके का फायदा उठाते हुए हम तेजी से पत्थरों से बाहर निकले और उनके हथियार एम्युनिशन को उठा लिया। फिर उन्हीं पत्थरों के पीछे पोजीशन में आकर बैठ गए। हमको मालूम था कि अबकी बार हमारे ऊपर बहुत बड़ी संख्या में हमला होगा। हम जानते थे कि वे भी अपने साथियों का बदला लेने के लिए हम पर जोरदार हमला करेंगे।

हम उनके उस हमले को विफल करने की योजना बनाने लगे। सोचने लगे कि कैसे उनसे लोहा लिया जाए और उनके आक्रमण को विफल किया जाए।

हम अपनी पोजीशन को दुश्मन और गोलों से सुरक्षात्मक तथा रक्षात्मक बनाने में जुट गए। हम अपनी पोजीशन को हमलावर भी रखना चाहते थे। अभी हम यह कार्य कर ही रहे थे कि फिर से भारी गोलीबारी शुरू हो गई। हमारा बंकर बनाने का कार्य अधर में ही रह गया। हम खामोशी के साथ उनके नजदीक आने का इंतजार करने लगे।

मुझे याद है कि जब भीषण गोलीबारी हो रही थी तो हम उठ पाने की हालत में भी नहीं थे। काफी देर गोलीबारी होने के बाद फायर बंद हुआ और ऊपर पाकिस्तानी सैनिक 'अल्लाह हू अकबर' का उद्‌घोष करने लगे, हमारे ऊपर पत्थर फेंकने लगे, बड़े-बड़े पत्थरों को ऊपर से उन्होंने गिराना शुरू कर

दिया, ऊपर से आए हुए पत्थरों की गति व ताकत गोली के समान या उससे भी खतरनाक होती है। नीचे ग्रेनेड फेंक रहे थे, कोई पत्थर गिरा रहा है, लेकिन हम अपने आत्मबल, साहस, धैर्य को बनाए हुए बस उनके वहाँ सामने आने के इंतजार में खामोशी से बैठे रहे। वे लोग धीरे-धीरे हमारी तरफ बढ़ते चले आ रहे थे, जब हमारी तरफ से न कोई आवाज, न फायर हुआ तो वे भी बेखौफ होने लगे।

हम पत्थरों के बीच बने छोटे-छोटे क्षेत्रों से उनकी हर हरकत, हर चाल को समझ और देख रहे थे। हम बस इसी इंतजार में थे कि वे हमारे सामने आएँ। जहाँ उनको छुपने की जगह न मिल सके और हम उनको चुन-चुनकर मार सकें। यह हमला बस आर-पार का था। जीत या मृत्यु का था। हमको भी अहसास हो रहा था कि यह रणक्षेत्र है।

यह तो जाहिर सी बात है कि जब हम आमने-सामने होंगे तो जितनी गोलियाँ हम चलाएँगे, उतनी ही नहीं, बल्कि हमसे तीन गुना गोलियाँ उनकी भी चलेंगी।

हम यह जानते थे कि हम मरेंगे तो सही, लेकिन हम ज्यादा-से-ज्यादा पाकिस्तानी सैनिकों को मारने के लिए ही बैठे हुए हैं।

तभी एक गोला ठीक मेरे सामने दाहिनी तरफ लगी लाइट मशीन गन (LMG) के ऊपर गिरा। हमारे हथियार की बैरल के परखच्चे उड़ गए। उस हथियार को चलानेवाले जवानों के सिर-सीने में पत्थर लगे और वे हथियार से अलग होकर हमारे टीम लीडर हवलदार मदन की तरफ भागे।

उसी वक्त हवलदार मदन ने मुझसे कहा, "योगेंद्र, उस LMG को उठा और मेरी तरफ फेंक, ताकि मैं उसकी स्पेयर बैरल को उसी हथियार में लगाकर उसको फायर करने लायक बना सकूँ।"

बस फिर क्या था, मैंने उस हथियार को उठाकर उनकी तरफ फेंक दिया। वह मैंने अपने प्लाटून हवलदार के आखिरी बोल सुने।

अब हमारी मूवमेंट और पोजीशन का उनको पता चल चुका था। फिर क्या था, गोलियों और ग्रेनेड की बौछार हम पर होने लगी। एक ग्रेनेड ठीक मेरे बगल में पीछे की तरफ फटा, जिससे मेरे साथी योगेंद्र की हाथ की उँगली कट गई। उनको सबसे पहले फर्स्ट एड दिया, क्योंकि हमारे दोनों तरफ से गोलियों की बौछार हो रही थी।

बहुत देर ऐसे ही चलता रहा। पल-पल मेरे साथी कोई घायल कोई शहीद होने लगे। बस एक ही प्रण था—"जब तक इस तन-बदन में लहू और साँस है, इस जगह से पीछे नहीं हटेंगे।"

तभी मैंने देखा कि स्नाइपर हथियार चलानेवाले साथी को पाकिस्तानी सैनिकों ने घेर लिया है। तो एक मेरा ट्रेनिंग का साथी अनंतराम और मैं, दोनों को स्नाइपर चलानेवाले साथी की सहायता के लिए जाना पड़ा। जैसे ही मैं वहाँ से उनकी तरफ बढ़ा, तभी मेरे पास एक ग्रेनेड गिरा। वह फटा और उसका एक टुकड़ा मेरे पैर में आकर लगा, घुटने के ठीक पीछे। मुझे तो ऐसा प्रतीत हुआ, जैसे घुटने से पैर ही कट गया हो। मैं एकदम जमीन पर गिर गया।

नीचे गिरते ही मैं देखने लगा कि पैर तो नहीं कटा! पाँव जुड़ा हुआ था, लेकिन बहुत गहरा जख्म हो गया था। तो मैं खुद अपनी फर्स्ट एड करने लगा। अभी फर्स्ट एड कर ही रहा था कि एक और ग्रेनेड मेरे ठीक सामने आकर फटा। उस ग्रेनेड के एक टुकड़े से मेरी नाक और आँख के नीचे बहुत गहरा जख्म हो गया और मुझे खुद ही यह अहसास हुआ कि शायद आँखें चली गई हैं।

बहुत देर तक मुझे कुछ दिखाई दिया ही नहीं। मैं वहीं पत्थर के पीछे पड़ा रहा। फिर धीरे-धीरे आँखों से दिखाई देने लगा तो पहले जब मैंने अपने आप को देखा तो पूरा लहूलुहान पाया। नाक से खून की धारा बह रही थी। बहुत प्रयास किया उस नाक के खून को बहने से रोकने का। लेकिन मेरा हर प्रयास विफल हो गया। फिर हिम्मत करके अपने उस समयवाले साथी लांस नायक

नरेश कुमार के पास घिसटता हुआ पहुँचा। उस वक्त वे अपने बंकर को ऊँचा करने का प्रयास और साथ-साथ तीनों तरफ से आ रही फायरिंग का जवाब भी दे रहे थे।

मैं पत्थर से पीठ लगाकर बैठ गया और फायर करने लगा। फायर करता जाता और हाथ से नाक से बह रहे खून को साफ करता जाता।

फिर मैंने नरेश सर से कहा, "सर, आप मेरा फर्स्ट एड कर दीजिए, बहुत खून बह रहा है।" उन्होंने मुझे सांत्वना देकर कहा, "अभी करता हूँ, तू फायर करता रह।"

मैंने बोला, "ठीक है, सर!"

कुछ देर बाद उन्होंने अपनी फील्ड पट्टी अपनी जेब से निकाली और उसकी पीकी पढ़ने के लिए उनका हाथ उठा ही था कि तभी उनके सिर में गोली लगी। सिर से खून और मांस बाहर फट पड़ा।

मैंने उनका हाथ पकड़ा, क्योंकि वे पीछे की तरफ गिरते चले जा रहे थे।

मैंने कहा, "क्या हुआ सर? कुछ बोलो, सर?"

लेकिन वे न कुछ बोले, न ही मैं समझ पाया।

मेरी बगल में बैठा था मेरा ट्रेनिंग का साथी अनंतराम। मैंने उसको कहा, "अनंतराम, सर को गोली लग गई है।"

वह भौचक्का-सा रह गया और उसके मुख से मैंने आखिरी शब्द क्या ही सुना, तभी उसके भी सीने में बंदूक की गोलियाँ लगीं और वह भी पल भर में शहीद हो गया।

मैंने अपने साथियों को आवाज लगाकर कहा, "सर, दो जवानों को गोली लगी है।"

उधर से आवाज आई, "कैसे हैं?"

मैंने मन पक्का करके कहा, "सर, दोनों शहीद हो गए।"

बस मैं इतना ही बोल पाया था कि तभी भीषण बरसात की तरह बंदूकों की गोलियों की बरसात हमारे ऊपर होने लगी। हमको दुश्मन ने तीन तरफ से घेर लिया था।

वह पल, वह मंजर बड़ा खौफनाक, दर्दनाक था। वह साहसिक, कर्तव्य परायण तथा बलिदानी का पल याद आते ही आँखों से आँसू बह निकलते हैं।

हम 3-4 और वे 30-35 थे। दोनों तरफ की बंदूकों ने कितनी आग उगली, साँसों को खत्म करनेवाली गोलियाँ निकलीं। दोनों तरफ सैनिकों के शरीर धराशायी हो रहे थे। हर शहीद होनेवाले सैनिक के आखिरी शब्द यही थे—"मेरा खून बहे तो बहे, साँस चले न चले, मेरा राष्ट्र चलना चाहिए। यह राष्ट्र बढ़ना चाहिए।"

और इतनी गोलियों से इनसानों का शोर पल भर में शांत हो गया।

मेरे तमाम साथी भारतमाता के चरणों में अपने आप को समर्पित करके इस धरा की गोद में सदा-सदा के लिए सो गए। उन्होंने अपने कर्तव्य-पथ की वेदी पर अपने प्राणों की आहुति दे दी थी। मैं उन्हीं के बीच खून से लथपथ पड़ा था और बस मन में सोच रहा था कि सच ही सुना है—

सीमाएँ नहीं बना करती कागज खींची लकीरों से,
यह तो घटती-बढ़ती रहती हैं वीरों की शमशीरों से।

आज मैं प्रत्यक्ष देख रहा था कि हमने दुश्मनों को मारते-मारते अपने शरीर को समाप्त कर दिया था। और वह अब उन वीर सैनिकों की भूमि बन गई, जहाँ तक उस राष्ट्र की सीमा निर्धारित हो गई। मैंने प्रण लिया था, जब तक मेरे शरीर में साँस है और खून की आखिरी बूँद है, तब तक इस सरजमीं को नहीं छोड़ूँगा। सैनिक अपने शहीद साथी के काम को भी अपने कंधों पर उठा लेते हैं। मैंने अपनी टीम और शहीद साथियों के प्राण तथा कार्य को अपने कंधों पर ले लिया और परमात्मा से यही अरदास की कि मुझे इतनी शक्ति, बल देना,

ताकि मैं अपने साथियों के अधूरे कार्य को पूरा कर सकूँ।

यदि आप निस्स्वार्थ भाव से, सच्ची श्रद्धा के साथ परमात्मा को याद करते हैं तो वह ईश्वरी शक्ति, वह दुनिया को चलानेवाली शक्ति जरूर साथ देती है। इन्हीं विचारों में डूबा हुआ बिल्कुल शांत, चुपचाप पड़ा हुआ था और पाकिस्तानी सैनिकों की हरकतों को देख रहा था। तभी कुछ पाकिस्तानी सैनिक हमारे शहीद हुए सैनिकों के शरीर में दोबारा से गोली दागने लगे। मेरे मृत पड़े साथियों के शरीर में जब गोलियाँ लगती थीं तो उनके शरीर उछल पड़ते। मैं यह देख रहा था, तभी एक पाकिस्तानी सैनिक ने मेरे ऊपर भी गोलियाँ चलानी शुरू कर दीं। उसने सबसे पहले मेरे बाएँ हाथ, फिर दाएँ पैर में गोली दाग दी। मैं देख रहा था, जहाँ-जहाँ मुझे बंदूक की गोलियाँ लगती थीं, वहाँ से धुआँ-सा निकलता था।

मैं गोलियों के असहनीय दर्द में चुपचाप पड़ा रहा, क्योंकि कोई भी सैनिक अपने दुश्मन को जिंदा नहीं छोड़ता। तो वे लोग भी गोलियाँ मारकर यही यकीन कर रहे थे कि हममें से कोई जिंदा तो नहीं है। गोलियाँ मारने के बाद ही उनको पूरा यकीन हुआ कि अब इनमें कोई जीवित नहीं है।

मैं बेतहाशा, बेबस, लाचार यों ही अपनी पीड़ा को दबाए पड़ा रहा, लेकिन अपना मानसिक संतुलन नहीं खोया। अपने धैर्य और साहस को बनाए रखा था। ऐसी स्थिति में जोश तो होता है, लेकिन जोश के साथ होश बनाए रखना बहुत जरूरी होता है। मैं एक मौके की तलाश में था कि कब ये लापरवाह हों और मैं कुछ करूँ।

वे लोग फिर गोलियाँ मारने लगे। हमारे शरीर के ऊपर पत्थर-लात मारते रहे।

तभी उनका जो कमांडर था, उसने अचानक टाइगर हिल के पास ही मास्को वैली थी, वहाँ बने अपने बेस कैंप को मैसेज दिया, "जो हिंदुस्तानी सेना की एक टुकड़ी टॉप की तरफ आई थी, उसको हमने मार गिराया है। एक नीचे

मीडियम मशीन गन पोस्ट है, आप वहाँ हमला करो। हम ऊपर से आ रहे हैं।"

जब मैंने यह सुना तो मुझे लगा कि आज मेरी पूरी टीम शहीद हो जाएगी। तब उस परमात्मा से प्रार्थना की, "हे जगत् के पालनहार, मुझे सिर्फ इतना जीवन दे दे कि मैं अपने नीचेवाले साथियों को सूचना देकर उनका जीवन बचा सकूँ।"

तभी उनके कमांडर ने बोला, "उनके हथियारों को अपने कब्जे में ले लो।" तब तक हथियार हमारे मृत शरीरों के पास ही पड़े हुए थे।

फिर एक पाकिस्तानी सैनिक पुनः शरीर में गोलियाँ दागने लगा। दूसरा हमारे हथियार उठा रहा था। उसने फिर मेरे हाथ-पैर में गोलियाँ मारीं। मैं फिर गोलियों की पीड़ा को सहता रहा। हड्डी-मांस के लोथड़े हाथ-पैर से बाहर निकलते जा रहे थे। मुझे इन सबकी कोई परवाह नहीं थी। मैंने अपने मन-मस्तिष्क में एक भावना पैदा कर ली थी कि अगर उन्होंने सिर व सीने में गोली नहीं मारी तो मैं जिंदा रहूँगा। चाहे मेरे हाथ-पैर दोनों ही काटकर ले जाएँ, मैं उफ तक नहीं करूँगा।

इसी सोच को मैंने अपने अंतर्मन में समाहित कर लिया था। हाँ, यह सत्य है कि अगर अपने अंतर्मन या अवचेतन में किसी विश्वास या विचार को अंकित कर लेते हैं तो उसके शरीर में भी उसी प्रकार के हार्मोंस बनने लग जाते हैं और हमारा शरीर भी उसी हार्मोन के अनुरूप प्रतिक्रिया करने लग जाता है। मैंने तो अपने अवचेतन मन में यह धारण कर लिया था कि सिर व सीने में गोली नहीं लगी तो जिंदा रहूँगा। लेकिन तभी वह पाकिस्तानी सैनिक दो कदम चलने के बाद पीछे मुड़ा और उसने अपनी बंदूक की नाल को मेरे सीने की तरफ कर दिया।

अर्ध बंद आँखों से मैं यह सब देख रहा था। कहते हैं कि यदि आप किसी को निस्स्वार्थ भाव से पूर्ण समर्पण करो तो वह ऊपरवाला आपको स्वयं अपने अंदर समाहित कर लेता है। मैंने ईश्वर को पूर्ण निष्ठा भाव से समर्पित कर दिया

था और उस समय बालकपन में यह बात नहीं समझता था कि इस देश को भारत माँ क्यों कहते हैं। कहते हैं न कि समय सबकुछ सिखा देता है। मुझे अब समझ आया कि इस देश को माँ भारती क्यों कहते हैं। यह रेत-कंकड़-पत्थर की जमीन नहीं, बल्कि एक सजीव जमीन है। इस माँ ने आज तक अपने बेटों की वीरता, शौर्य, पराक्रम को कभी दफन नहीं होने दिया।

किसी-न-किसी माध्यम से वह उन्हें उजागर करती है, ताकि जो इसके बेटों ने वीरता, पराक्रम दिखाते हुए अपने प्राण न्योछावर किए हैं, वह दुनिया को उनके बारे में बता सके।

शायद उस समय माँ भारती ने मुझे चुना होगा। तभी तो जब उसने बंदूक चलाई, उसकी गोली को मेरी जेब के रखे पर्स में 4-5 सिक्कों से टकरा दिया, जिससे वह गोली सीने से लगकर दूसरी दिशा में चली गई।

यह भी सत्य है कि जब तक आपकी साँसें हैं, उनको कोई ईश्वर की मर्जी के बिना छीन नहीं सकता। मुझे भी लगा उस गोली के धक्के से कि मैं मर गया हूँ। तभी एक और पाकिस्तानी सैनिक आया, उसने मेरी ए.के.-47 उठा ली और जाने लगा। शायद उसका पैर मेरे पैर से टकराया। मुझे तो वे मुर्दा समझ चुके थे, लेकिन तभी मुझमें एकदम से चेतना जागी और मुझे अहसास हुआ कि मैं जिंदा हूँ।

तभी अंतर्मन से आवाज आई कि तू अभी तक नहीं मरा है तो अब मरेगा भी नहीं। मैंने तुरंत अपने ग्रेनेड को निकाला, उसकी पिन निकालकर उस हथियार उठानेवाले पाकिस्तानी सैनिक की तरफ फेंक दिया। वह ग्रेनेड उसके कोट के हुक में गिर गया। जब ग्रेनेड उसके हुक में गिरा तो उसने पीछे मुड़कर देखा। उसके पीछे तो हम मृत ही पड़े हुए थे। उसको अंदाजा भी नहीं था कि ग्रेनेड उसके हुक में गिर सकता है। उसको शायद लगा होगा कि कोई पत्थर आकर गिरा होगा, लेकिन वह उसको अपने कोट के हुक से निकालने का निष्फल प्रयास करता रहा।

इतनी देर में तो ग्रेनेड फट गया।

उसके सिर का आधा हिस्सा गायब हो गया था। वह सीधा-का-सीधा हमारे ऊपर आ गिरा, लेकिन जो यह धमाका हुआ तो बाकी पाकिस्तानी सैनिक, जो अपनी जीत का जश्न मना रहे थे, जो बिल्कुल निश्चिंत, बेखबर थे कि अब उनको यहाँ कोई खतरा नहीं। सब-के-सब हक्के-बक्के रह गए और उनमें खलबली मच गई।

कोई कहता, "उधर फायर करो, तो कोई इधर।" तो कोई कह रहा था, "इनमें से कोई जिंदा तो नहीं?"

कुछ को लगा कि नीचे से भारतीय सेना की दूसरी टुकड़ी ऊपर आ गई है। उनकी उसी बौखलाहट और खलबली में मैंने अपने ऊपर गिरे हुए शत्रु सैनिक की लाश को अपने से अलग कर लिया और उसकी राइफल को उठाने के लिए दोनों हाथों को बढ़ाया। मैंने देखा कि मेरा बाएँ हाथ का कंधा हिल रहा था और पूरा हाथ ही निढाल पड़ा हुआ था। लेकिन मैंने हिम्मत नहीं हारी।

मैंने एक हाथ से ही राइफल को उठाया और पत्थर की आड़ लेकर फायर खोल दिया। उस फायर में शत्रु पक्ष के 4 सैनिक मारे गए। फिर तुरंत दूसरे पत्थर को लुढ़काया और वहाँ से फायर किया। इस तरह से मैंने 3-4 जगह बदल-बदलकर फायर किया तो उनको यह लगने लगा कि इनकी नीचेवाली टीम ने चढ़ाई कर दी है।

अचानक से दोबारा इस तरह का फायर देख उनके हौसले टूट गए। उनका मनोबल समाप्त हो गया। वे अपनी जान बचाने के लिए ऊपर की तरफ भागने लगे। मैं भी घिसटता हुआ, पत्थरों की आड़ लेता हुआ उनके ऊपर लगातार फायर करता रहा। जब मैंने यह देखा कि शत्रु पक्ष के सैनिक अपनी जान बचाने के लिए भाग रहे हैं और हमारे देश के सैनिक अपनी जान गँवाने के लिए भाग रहे हैं तो समझा, कितना बड़ा अंतर था दोनों ओर के सैनिकों के साहस और मनोबल में। तब अपने शहीद सैनिक साथियों को उनके मनोबल

और साहस के लिए नमन किया। उनके पीछे घिसट-घिसटकर 4 से 5 मीटर तक आगे गया।

वे भागे चले जा रहे थे। तभी मैंने देखा कि कुछ ही दूरी पर उनका लंगर चल रहा है। उनके बड़े हथियारों की डेप्लॉयमेंट, उनके लिविंग टेंट, सबकुछ नजर आ रहा था। बहुत देर तक वह सब मैं देखता रहा। उस समय तो मेरे मन-मस्तिष्क में अपनी पोस्ट और अपने सैनिकों को कैसे बचा पाऊँगा, यही सोच-विचार चल रहा था। कुछ देर वहाँ रुकने के बाद मैं वापस घिसटता हुआ अपने साथियों की तरफ बढ़ने लगा। रेंगते-रेंगते अपने शहीद साथियों के पास पहुँचा।

मुझे लगा कि हो सकता है, कोई मेरी तरह जीवित हो। किसी की साँसें चल रही हों। मैं अपने एक साथी को देखने लगा। किसी का पूरा सिर फटा हुआ था। किसी का पूरा सीना फटा हुआ था। उनका शरीर पूरी तरह फट गया था बंदूक की गोलियों से। मैं तो उन मृत साथियों में एक सहारा ढूँढ़ रहा था, जोकि बिल्कुल उसी तरह था, जैसे रेगिस्तान में पानी को ढूँढ़ते हैं।

बहुत हताश-निराश हो गया, फिर बहुत रोया। खुद को खुद से सांत्वना दी। बाएँ हाथ की बाजू की पूरी हड्डी टूटकर बाजू से बाहर निकल चुकी थी। ऐसा प्रतीत हो रहा था, मानो कंधे के नीचे का हाथ कट चुका है। कंधे की हड्डी बाजू की टूटी हड्डी के टुकड़ों से जब टकराती तो असहनीय पीड़ा हो रही थी। बस जैसे-तैसे उसको सहन कर रहा था और ईश्वर से यही प्रार्थना करता रहा कि कैसे भी करके मुझे इतनी हिम्मत देते रहना कि मैं किसी भी तरह नीचेवाली पोस्ट तक पहुँच जाऊँ। जब अपनी निगाह उठाई तो चारों तरफ पर्वतश्रृंखला-ही-पर्वतश्रृंखला थी और बर्फ-ही-बर्फ थी। कोई रास्ता ही नजर नहीं आ रहा था, फिर मन में आया, कहाँ जाऊँ, किधर जाऊँ?

इधर टूटकर लटक चुके हाथ की असहनीय पीड़ा बढ़ती जा रही थी। 19 वर्ष की अवस्था और ढाई वर्ष की सैन्य सेवा, न उम्र का तजुर्बा, न सर्विस

का अनुभव। बस यही सोच कि मेरे शरीर से अंतिम साँस निकलने से पहले हर हाल में लक्ष्य पर तिरंगा लहराना चाहिए और यदि मेरे स्वर, उच्चारण की शक्ति बचे तो अंतिम शब्द 'वंदे मातरम्' निकलना चाहिए।

बस इसी भाव को अपने अंदर सोचकर अपने टूटे हुए हाथ को अपने शरीर से अलग करने का प्रयास किया, ताकि दर्द कम हो जाए। क्योंकि हाथ टूटा ही नहीं, शरीर से अलग हुआ ही नहीं। फिर उस हाथ को अपनी कमर पर डाला, पीछे बेल्ट में फँसा लिया।

यह सही है कि जब इनसान अपने अंतिम पलों में निस्स्वार्थ कर्म करता रहता है, अपनी निष्ठा से प्रयास करता है तो ईश्वरी शक्ति भी इनसान की मदद करती है। तभी एक आवाज सुनाई देने का आभास हुआ। जैसे किसी ने कहा हो, "बेटे, इधर से नीचे चले जाओ।"

मैंने तुरंत उस दिव्य आवाज के बताए रास्ते की तरफ लुढ़कना शुरू किया और बहुत नीचे नाले में जाकर लुढ़क गया। वहाँ से नीचे बहुत गहरा गड्ढा था तो वहीं पत्थर पकड़कर बहुत देर लटका रहा और सोचने लगा कि कहीं मैं पाकिस्तान की तरफ तो नहीं आ गया हूँ। मैंने नीचे की तरफ दाएँ-बाएँ देखा तो मुझे कुछ सैनिक नजर आए। उन सैनिकों को पहचानने का प्रयास किया तो मैंने उनमें से अपने एक साथी को पहचान लिया, जो रात को हमारे साथ चल रहा था, लेकिन फायरिंग की वजह से ऊपर नहीं आ पाया था। फिर मैंने उसको आवाज लगाई तो उन्होंने मेरी तरफ मुड़कर देखा कि एक सैनिक पत्थर की चट्टानों के बीच फँसा हुआ है।

तुरंत दो-तीन सैनिक मेरे पास आए और मुझे उन चट्टानों से ऊपर निकाला।

जब ऊपर निकालकर मेरी हालत देखी तो उनको यही लग रहा था कि इसका बचना मुश्किल है। मुझे झूठी तसल्ली दे रहे थे कि तुझे कुछ नहीं होने देंगे। हौसला रखना।

मैंने पलटकर कहा, "हाँ, मुझे कुछ नहीं होगा। आप लोग एम.एम.जी. (MMG) पोस्ट को बचा लो। वे लोग अभी इस पोस्ट पर हमला करेंगे।"

खैर, उन सैनिकों ने मेरी ड्रेसिंग की। मैंने भी उनको ऊपर की घटना का सारा हाल बता दिया था। तब हमारे बटालियन कमांडर कर्नल खुशहाल ठाकुर को मेरे बारे में सूचना दी गई। उन्होंने आदेश दिया, "इस लड़के को जल्दी-से-जल्दी मेरे पास पहुँचाओ।"

उस समय दिन के 1 या 2 बज रहे होंगे। मैं अपने साथियों से पानी माँग रहा था तो कुछ साथी पोस्ट से पानी लेने के लिए चले गए। मुझे उसी नाले में पत्थरों की आड़ में लिटा दिया था। मेरे पास एक जवान बैठा था, जिसका मुझसे प्रेम था। मैं बेहोशी में चला जा रहा था। बीच-बीच में अपने पास बैठे उस साथी को देखता तो वह लगातार रो रहा था। मैंने कहा, "सर, क्यों रो रहे हो?"

उन्होंने कहा, "तुझे देख-देखकर रो रहा हूँ।"

मैंने कहा, "सर, मुझे कुछ नहीं होगा। बस थोड़ा पानी दिलवा दो। जो सैनिक पानी लेने गए, वे आने में क्यों देरी कर रहे हैं?"

'पता नहीं मुझे कब नीचे लेकर जाएँगे,' यही मन में विचार आने लगा। पहाड़ियों पर चढ़ना तो आसान होता है, लेकिन उतरना बड़ा ही मुश्किल। और वह भी घायल इनसान को लेकर।

खैर, वे कुछ देर बाद आए। वे भी दो दिन से बिल्कुल भूखे थे। शायद कुछ खा-पीकर आए होंगे, क्योंकि अभी उन्हें मुझे नीचे लेकर जाना था। फिर वापस भी आना था।

उन्होंने मुझे थोड़ा सा गरम पानी दिया और मुझे कंधे पर उठाकर नीचे की तरफ लेकर चल दिए। 3 से 4 घंटे में मुझे नीचे कमांडिंग ऑफिसर तक पहुँचा दिया गया। वहाँ मुझे स्ट्रेचर पर स्लीपिंग बैग में लिटा दिया गया।

तभी हमारे यूनिट कमांडर आए और उन्होंने आते ही कहा, "कैसे हो, बेटे?"

मैंने कहा, "ठीक हूँ, साहब! ऊपर सब साथी शहीद हो गए। मुझे कुछ दिखाई नहीं दे रहा है साहब और बहुत सर्दी लग रही है।" मेरी यह बात सुनकर कमांडिंग ऑफिसर ने मुझे अपने लिविंग टेंट में लिटाया और 2-3 स्टोव जलवाए। तब कहीं जाकर टेंट गरम हुआ तो मुझे भी कुछ गरमाहट महसूस हुई।

फिर वे बोलने लगे, "बेटा, ऊपर कैसे हाल हैं, बता सकता है?"

मैंने कहा, "साहब, बिल्कुल बता सकता हूँ।"

यह कहकर ऊपर की तमाम घटना का विवरण बताया। वे बड़े ध्यान से सुन रहे थे।

फिर उन्होंने हमारे खाने-पीने के बारे में पूछा, तो मैंने कहा, "साहब, जब हम आपके पास से गए थे, तब से लेकर अभी लगभग 72 घंटे हो गए। सिर्फ आधा बिस्कुट पैकेट ही हम दो जवानों ने खाया है। साहब, खाने-पीने की वस्तु नहीं, बल्कि एम्युनिशन और फील्ड पट्टी ज्यादा-से-ज्यादा दिलवा दो जवानों को।"

इतना बोलते-बोलते मेरी जुबान में ऐंठन होने लगी। मैंने उनसे पीने के लिए पानी माँगा। उन्होंने तो पानी देने के लिए मना कर दिया, क्योंकि वे डॉक्टर से पूछे बिना कुछ देना नहीं चाहते थे।

फिर वहाँ मौजूद रेजिमेंटल एंड पोस्ट डॉक्टर साहब ने आकर मुझे ग्लूकोज पीने को दिया। उससे शरीर में जान सी आई।

कुछ देर तक डॉक्टर साहब और कमांडिंग ऑफिसर बात करते रहे। उसी बीच बात करते-करते डॉक्टर साहब ने कौन सा इंजेक्शन लगा दिया, मैं नहीं जानता। पर उससे मुझे बेहोशी छा गई। फिर पता नहीं चला कि मैं कहाँ हूँ,

कहाँ जा रहा हूँ। कुछ नहीं पता।

रात में ही शायद पहाड़ी से नीचे उतार दिया गया। वहाँ पर मेरे बूट उतारे गए तो दाहिने पैर का बूट निकल नहीं रहा था, जब उन्होंने जोर से बूट खींचा तो एकदम से बहुत तेज दर्द हुआ। जब थोड़ा सा होश आया तो मैंने उन्हें बताया कि शायद बूट में ऊपर से कुछ घुसा हुआ है।

जब उन्होंने देखा तो बूट में ग्रेनेड का एक टुकड़ा उँगली तक घुसा हुआ था। फिर उन्होंने उस ग्रेनेड के टुकड़े को निकालकर बूट निकाला। उसके बाद तो मुझे कुछ होश ही नहीं रहा।

दो-तीन दिन बाद मुझे होश आया, मैंने आसपास देखा तो पता चला कि मैं श्रीनगर के हॉस्पिटल में हूँ और वहीं पर मुझे पता चला कि उसी रात को दोबारा हमारी टीम ने हमला किया और टाइगर पर पुन: तिरंगा फहरा दिया है।

टाइगर हिल की विजय के बाद कारगिल युद्ध का समापन हो गया। देश की सेना ने अपने 527 जवानों की आहुति देकर माँ भारती की आन-बान-शान के इतिहास को पुन: स्वर्णिम अक्षरों में अंकित कर दिया।

पहला शब्द जिसने मेरे दिल को छुआ और जो मेरे मुँह से निकला, वह था—'जय हिंद!'

□

जीवन की नई शुरुआत

एक नई जिंदगी शुरू हुई, क्योंकि मैं हॉस्पिटल में आ गया था। 16 महीने हॉस्पिटल में रहने के बाद यहीं पर मुझे 'परमवीर चक्र' अवार्ड से सम्मानित किया गया।

जब अस्पताल से निकला, अपनी यूनिट गया। यूनिट से फिर एक नए युग, एक नए जीवन की शुरुआत हुई। मैं आई.एम.ए. देहरादून में पोस्टेड रहा।

फिर वहाँ लोगों से मिला और विचार-विनिमय हुआ। मुझे बहुत से स्कूल, कॉलेज और सम्मेलनों में बुलाया जाने लगा, पर मुझे यह बात बड़ी शिद्दत से महसूस होती थी कि मैं इन सब फंक्शंस के अंदर कभी भी स्टेज प्रोग्राम पर बोल नहीं पाता। पहले कभी ऐसे प्रोग्राम किए ही नहीं और पहली बार हॉस्पिटल से मुझे ले जाकर गाँव में वहाँ खड़ा कर दिया। कहा कि आप दस हजार लोगों के बीच कुछ बोलो।

मैंने माइक पकड़ा तो मेरे हाथ काँप रहे थे, क्योंकि कभी भीड़ देखी ही

नहीं। कभी भीड़ के सामने खड़ा हुआ ही नहीं। फिर लगने लगा कि यह मेरे अंदर बहुत बड़ी कमी है, जिसको दूर करना बेहद जरूरी था। जब लोगों से बात करते हुए सुना, देखा तो मन के अंदर आया कि यह फर्क शायद मेरी एजुकेशन का ही हो सकता है। मुझे एजुकेशन बढ़ानी चाहिए।

उस वक्त मैं दसवीं पास था। दृढ़ निश्चय करके फिर बारहवीं की, बी.ए. किया। बी.ए. करने के बाद कई जगह छोटे-छोटे प्रोग्रामों में मैं जाने लगा।

मुझे याद है कि मैं सबसे पहले 20 मिनट बोल पाया आगरा में। और फिर उसके बाद धीरे-धीरे मेरी हिचकिचाहट दूर होने लगी। लोगों को फेस करने की, उनके समक्ष बोलने की, अपने विचार रखने की मुझमें थोड़ी सी शक्ति आई। यह सब होता है, क्योंकि जब आपके पास शब्द होते हैं और कुछ ज्ञान होता है, तभी आप दूसरों को कुछ बोल सकते हैं। पहले वह था ही नहीं।

कुछ लोगों से सुना, किताबें पढ़ीं तो कुछ ज्ञान भी आया। कुछ शब्द मिले और उन्हें बोलने का प्रयास करने लगा। फिर मैंने 2013 में बी.एड. में दाखिला लिया।

उससे पहले मैंने दो आर्मी कोर्स किए थे तो वहाँ भी बहुत पढ़ना पड़ता था। लेकिन इस बीच मैं कहीं-न-कहीं एन.जी.ओ. के प्रोग्राम और स्कूल के प्रोग्राम में जाता रहता था।

लेकिन बी.एड. करने के बाद मेरी जिंदगी एकदम से बदल गई। वहाँ पर मैं पचमढ़ी में बी.एड. कर रहा था आर्मी से, तो वहाँ स्कूलों में अपने जो टीचर होते हैं, उन्हें बेसिक टीचर चार्ट बनाना, डायग्राम बनाना, लेसन प्लान बनाना, उसका मॉडल बनाकर लेकर के जाना, क्लास में पढ़ाना, यह सब कराया जाता है।

धीरे-धीरे वहाँ पर बहुत ज्ञान पाया और मेरे कॉन्फिडेंस में इजाफा हुआ।

फिर पहला बड़ा प्रोग्राम करने मैं वहीं से आई.आई.टी., कानपुर गया।

वहाँ इतना अच्छा रिस्पॉन्स मिला कि लोगों ने मुझे सुना और मुझसे सवाल किए। उस दिन मन के अंदर एक सेटिस्फेक्शन आने लगा कि मैं कुछ बोल सकता हूँ, कुछ कर सकता हूँ।

फिर वहीं रहते-रहते आई.आई.एम. अहमदाबाद गया। आई.आई.एम. इंदौर गया तो इतनी बड़ी संस्थाओं में इतने लोगों के बीच मैं थोड़ा हिचक रहा था। ये सब बच्चे ब्रिलियंट होते हैं और हर चीज को गहराई से जानना चाहते हैं।

वहाँ मैंने उनके सवालों को सुना और पॉजिटिव तरह से उनका जवाब दिया।

जब मैं पहली बार आई.आई.टी. कानपुर गया था तो वहाँ एक लड़की ने मुझसे एक ऐसा ही सवाल किया, जिसका जवाब मुझे बहुत सोच-समझकर देना पड़ा। मैं जिस संस्था से जुड़ा था, उस संस्था में हमेशा से पारदर्शिता रही है तो उसके हिसाब से मैंने बातचीत की।

उस लड़की ने मुझसे पूछा, "सर, अगर इतनी ट्रांसपेरेंसी है तो जो देश को चला सकता है, क्या वह सेना को नहीं चला सकता था?"

मैंने उसका सवाल समझा और फिर कहा, "आपने बिल्कुल सही सवाल किया है। आप डॉ. ए.पी.जे. अब्दुल कलाम की ही बात कर रहे हैं न! वह एस.एस.बी.[10] परीक्षा में फेल हो गए थे।" सब विद्यार्थी अब मेरी तरफ देखने लगे, यह जानने के लिए कि मैं क्या कहनेवाला हूँ।

मैंने कहा, "वे हमारी सेना की ही देन है इस देश को। क्योंकि सेना ने देश को एक मिसाइल मैन दिया।" उनके हैरान चेहरे देखकर मैंने उन्हें बताया, "हर संस्था अपने कार्य को करने के लिए एक आईक्यू लेवल निर्धारित होता है कि इतने आई क्यू लेवल का व्यक्ति हमारे लिए काफी है। इससे

---

10. सेवा चयन बोर्ड।

ज्यादावाला भी ठीक नहीं है। यह शायद देश के बेहतर काम आ सकता है। कलाम साहब का आईक्यू लेवल तो बहुत हाई था तो सेना ने उन्हें रिजेक्ट किया। उसी रिजेक्शन के बाद उन्होंने दूसरी तरफ फोकस किया तो आज वे एक मिसाइल मैन बने और आज देश के राष्ट्रपति भी हैं।"

यह एक उदाहरण है। ऐसा करते हुए इन होशियार बच्चों से बातें करते, मेरी एक नई सोच का निर्माण शुरू हुआ, जिससे मेरी नई जिंदगी और बेहतर होती चली गई।

फिर उसके बाद तो साउथ में दो-तीन यूनिवर्सिटी में गया और आई.आई.टी., दिल्ली तथा आई.आई.टी., मुंबई हर जगह पर मैं बातचीत करने लगा। अपने जीवन की कहानी को और बेहतर तथा प्रभावी तरह से बताने की चेष्टा करने लगा। लोग भी सुनने लगे और लोगों ने मुझे बहुत सराहा।

मेरा यह बताने का मकसद, यह पुस्तक लिखने का मकसद यह है कि हम चाहे कुछ भी हों, चाहे जीरो हों—हम अपने आप को हीरो बना सकते हैं।

अगर हम अपनी कमी को सही समय पर पहचान लें और उस कमी पर काम करें तो कोई भी ऐसी चीज नहीं है, जो असंभव हो। हर चीज संभव हो सकती है। खिलाड़ी पहले दिन जीरो होता है, लेकिन धीरे-धीरे अभ्यास करता है और अभ्यास करते-करते वह एक गोल्ड मेडल भी प्राप्त कर सकता है। हम एक आम यानी साधारण व्यक्ति भी अपनी भाषा शैली को बहुत बेहतर कर सकते हैं।

बस शर्त है कि उस इनसान में कुछ बेहतर करने की इच्छाशक्ति हो। और उसके तरीके हैं कि आप अच्छी चीजों को सुनें। लोगों की बात सुनने की आप में क्षमता होनी चाहिए। किताब पढ़ने का शौक होना चाहिए तो आपके पास शब्दों का संग्रह होगा। आपके पास ज्ञान का संग्रह होगा। जब आपके पास शब्द और ज्ञान का संग्रह हो जाएगा तो आप अपनी बात को कहने में

कोई संकोच नहीं करेंगे। आप प्रभावी तरह से उन बातों को कह पाएँगे, जोकि डायरेक्ट उस ऑडियंस से कनेक्ट हो सके।

ऑडियंस आपसे कनेक्ट हो सकती है। वही प्रभावी कम्युनिकेशन होता है। मैं आठ साल जूनियर अकेडमी में रहा। वहाँ मेरे रहते कुछ छप्पन हजार स्टूडेंट्स आए पढ़ने के लिए। वहाँ पर भी इस कम्युनिकेशन को और धार मिली, क्योंकि बार-बार हर जगह पर उनसे मिलना, उनसे बोलना, उनसे बात करना—वह चीज और निखरी और एक नए सफर की शुरुआत हुई।

और आज की तारीख में, आप लोगों के बीच फौज से रिटायर होने के बाद, एक नए युग में, एक नई पारी खेल रहा हूँ। मुझे आशा है कि मैं इस पारी में भी कुछ अच्छा कर पाऊँगा और समाज तथा राष्ट्र को कुछ दे पाऊँगा।

□

वीरों का स्मरण

कारगिल युद्ध के विजय-पथ पर अनेक वीरों ने अपने प्राणों को न्योछावर किया। मैं प्रत्येक के साहस व जज्बे को सलाम करता हूँ और उनके सम्मान में सिर झुकाता हूँ, उनमें से कुछ ऐसे भी हैं, जिन्हें सबसे कठिन समय में भी अपने असाधारण शौर्य का प्रदर्शन करने के लिए सम्मानित किया गया था।

अपनी अनुकरणीय वीरता के लिए निम्नलिखित सैनिकों ने शौर्य के सर्वोच्च अलंकरणों को प्राप्त किया। इस खंड में उन लड़ाइयों की चर्चा है, जिनका वे नेतृत्व कर रहे थे, साथ ही यह भी कैसे भारतमाता के लिए वीरता से लड़ते हुए उन्होंने अपने प्राणों का बलिदान दिया।

अलंकरण	रैंक	नाम	यूनिट
परमवीर चक्र	ग्रेनेडियर	योगेंद्र सिंह यादव	18 ग्रेनेडियर्स
परमवीर चक्र	लेफ्टिनेंट	मनोज कुमार पांडे	1/11 गोरखा राइफल्स
परमवीर चक्र	कैप्टन	विक्रम बत्रा	13 JAK राइफल्स

परमवीर चक्र	राइफलमैन	संजय कुमार	13 JAK राइफल्स
महावीर चक्र	कैप्टन	अनुज नायर	17 जाट
महावीर चक्र	मेजर	राजेश सिंह अधिकारी	18 ग्रेनेडियर्स
महावीर चक्र	कैप्टन	गुरजिंदर सिंह सूरी	12 बिहार
महावीर चक्र	नायक	दिगेंद्र कुमार	2 राजपूताना राइफल्स
महावीर चक्र	नायक	इम्लियाकुम आओ	2 नागा
महावीर चक्र	कैप्टन	कीशिंग क्लिफोर्ड नोंग्रुन	2 JAK LI
महावीर चक्र	कैप्टन	नेकेझाकुओ केंगुरूसे	2 राजपूताना राइफल्स
महावीर चक्र	मेजर	पद्मपाणि आचार्य	2 राजपूताना राइफल्स
महावीर चक्र	मेजर	सोनम वांगचुक	लद्दाख स्काउट्स
महावीर चक्र	मेजर	विवेक गुप्ता	2 राजपूताना राइफल्स
महावीर चक्र	लेफ्टिनेंट	बलवान सिंह	18 ग्रेनेडियर्स
वीर चक्र	लेफ्टिनेंट कर्नल	आर. विश्वनाथन	18 ग्रेनेडियर्स
वीर चक्र	लांस हवलदार	राम कुमार	18 ग्रेनेडियर्स

ऊपर जिन वीरों का जिक्र है, उनमें से कुछ की चर्चा इस आत्मकथा में हुई है। चूँकि कैप्टन (मानद) योगेंद्र सिंह यादव ने अपनी ड्यूटी के दौरान उनसे प्रत्यक्ष बातचीत की, इसलिए वीरता के उनके अलंकरणों से जुड़े उद्धरणों का वर्णन आगे के पृष्ठों में उसी रूप में किया गया है।

योगेंद्र सिंह यादव
18 ग्रेनेडियर्स

परमवीर चक्र

ग्रेनेडियर योगेंद्र सिंह यादव घातक प्लाटून की उस टीम का नेतृत्व कर रहे थे, जिसे 3 और 4 जुलाई की रात्रि के बीच टाइगर हिल पर कब्जा जमाने की जिम्मेदारी सौंपी गई थी। उस चोटी तक का रास्ता खड़ी चढ़ाई का था, जो बर्फ और चट्टानों से आच्छदित था। तमाम खतरों से बेपरवाह ग्रेनेडियर योगेंद्र सिंह यादव ने स्वेच्छा से अगुआई की और रस्सी को एक चट्टान पर अटकाया, जिसके सहारे उनकी टीम ऊपर चढ़ सके। इस टीम को देखते ही दुश्मन ने ग्रेनेड, रॉकेट व तोप से अंधाधुंध फायरिंग शुरू कर दी, जिसमें इस दल के कमांडर और उनके दो सहयोगी शहीद हो गए, जिसके कारण प्लाटून को रुकना पड़ा। हालात की गंभीरता को समझते हुए ग्रेनेडियर यादव रेंगते हुए शत्रु की पोजिशन तक पहुँचे, ताकि उसे खामोश किया जा सके; इस दौरान उनके शरीर पर अनेक घाव लगे। अपने जख्मों और दुश्मन की गोलियों की बौछार की परवाह किए बिना ग्रेनेडियर यादव शत्रु की पोजिशन तक चढ़ गए। ग्रेनेड उछालते और अपने हथियार से लगातार फायरिंग करते हुए उन्होंने बेहद करीब से हुई लड़ाई में दुश्मन के चार सैनिकों को मार गिराया और स्वचालित हथियारों से की जा रही उनकी फायरिंग को खामोश कर दिया। बुरी तरह जख्मी होने के बावजूद उन्होंने मैदान छोड़ने से इनकार कर दिया और धावा बोलते रहे। उनकी इस शौर्यपूर्ण काररवाई से प्रेरित होकर उनकी प्लाटून ने दुश्मन के दूसरे ठिकानों पर नए जोश के साथ धावा बोल दिया और टाइगर हिल की चोटी को अपने कब्जे में ले लिया।

ग्रेनेडियर योगेंद्र सिंह यादव ने अत्यधिक प्रतिकूल परिस्थितियों में अभूतपूर्व शौर्य, अदम्य साहस, दृढ़ निश्चय और संकल्पशक्ति का परिचय दिया।

मेजर राजेश सिंह अधिकारी
18 ग्रेनेडियर्स

महावीर चक्र

30 मई, 1999 को बटालियन की ओर से चलाए गए ऑपरेशन के अंतर्गत मेजर राजेश सिंह अधिकारी को तोलोलिंग पहाड़ी के उस स्थान पर कब्जा जमाने की जिम्मेदारी सौंपी गई थी, जहाँ दुश्मन मजबूती से डटा था। दुश्मन पर कब्जे के बाद ही सेना के लिए पहाड़ी के नीचे से ऊपर की ओर चढ़ना संभव था। दुश्मन खतरनाक पहाड़ी इलाके में मोर्चा सँभाले बैठा था, जो करीब 15,000 फीट की ऊँचाई पर था और बर्फ से ढका था। मेजर सिंह जब इस मकसद को पूरा करने के लिए अपनी कंपनी का नेतृत्व कर रहे थे, तब दुश्मन ने एक-दूसरे की मदद करनेवाले अपने दो ठिकानों से उन पर यूनिवर्सल मशीनगन से हमला किया। मेजर अधिकारी ने फौरन रॉकेट लॉन्चर डिटैचमेंट को आदेश दिया कि दुश्मन की पोजिशन को निशाना बनाए, और इस बीच उन्होंने बेहद करीब की लड़ाई में दुश्मन के दो जवानों को मार गिराया। इसके बाद भारी गोलाबारी के बीच सेना के इस अधिकारी ने सूझबूझ दिखाई और अपनी मीडियम मशीनगन डिटैचमेंट को एक चट्टान के पीछे पोजिशन लेने तथा दुश्मन पर गोली बरसाकर उसका ध्यान बँटाने का हुक्म दिया। धावा बोलनेवाली टुकड़ी धीरे-धीरे आगे बढ़ती रही। इस प्रकार आगे बढ़ने के दौरान मेजर अधिकारी को कई गोलियाँ लगीं, जिससे वह बुरी तरह घायल हो गए, फिर भी उन्होंने अपनी कंपनी को निर्देश देना जारी रखा। उन्होंने रेस्क्यू किए जाने से इनकार कर दिया, फिर दुश्मन के दूसरे ठिकाने पर टूट पड़े और वहाँ मौजूद एक और सैनिक को ढेर कर दिया। इस प्रकार तोलोलिंग के दूसरे ठिकाने पर भी कब्जा हो गया, जिससे आगे चलकर पॉइंट 4590 पर कब्जा करने में आसानी हुई। हालाँकि अपने जख्मों के कारण बाद में उन्होंने दम तोड़ दिया।

मेजर राजेश सिंह अधिकारी ने दुश्मन से मुकाबले में अद्‌भुत शौर्य व असाधारण नेतृत्व कौशल का परिचय दिया और भारतीय सेना की सर्वोच्च परंपरा का पालन करते हुए अपने प्राणों की आहुति दे दी।

लेफ्टिनेंट बलवान सिंह
18 ग्रेनेडियर्स

महावीर चक्र

3 जुलाई, 1999 लेफ्टिनेंट बलवान सिंह को 'टाइगर हिल टॉप' पर अपनी घातक प्लाटून के साथ पूर्वोत्तर दिशा से धावा बोलने की जिम्मेदारी सौंपी गई थी। यह हमला चौतरफा काररवाई का एक हिस्सा था। 16,500 फीट की ऊँचाई पर स्थित इस लक्ष्य तक का रास्ता बर्फ से ढका था और बीच-बीच में बर्फ की खासी मोटी परत में गहरी दरार व झरने थे। सैन्य सेवा में मात्र तीन महीने का अनुभव रखनेवाले इस अधिकारी ने लक्ष्य की ओर दृढ़संकल्प के साथ कूच किया। उनके जोश भरनेवाले नेतृत्व में घातक निरंतर बारह घंटे से भी अधिक समय तक एक अत्यंत कठिन एवं खतरनाक रास्ते पर भारी गोलीबारी का सामना करते हुए बढ़ता रहा और पहाड़ी के उस निर्धारित शिखर तक पहुँच गई।

इस साहसिक कार्य ने दुश्मन को आश्चर्यचकित कर दिया, क्योंकि इस चोटी तक दबे पाँव पहुँचने के लिए उनका दस्ता ने खड़ी चट्टान पर चढ़नेवाले पर्वतारोहण के उपकरणों का इस्तेमाल किया था। घातक दस्ते को देखते ही दुश्मनों के बीच खलबली मच गई और आनन-फानन में गोलाबारी कर उसने उस दस्ते को पीछे धकेलने की कोशिश की। इस दौरान हुई फायरिंग में लेफ्टिनेंट बलवान सिंह गंभीर रूप से घायल हो गए, फिर भी दुश्मन को सफाया करने का उनका संकल्प अटल था। घायल होने के बावजूद उन्होंने मैदान नहीं छोड़ा और अपने जख्मों की परवाह किए बिना दुश्मन को घेरने के लिए तेज गति से आगे बढ़े। करीब से की गई फायरिंग में उन्होंने दुश्मन के चार सैनिकों को ढेर कर दिया। शत्रु सेना के बाकी बचे जवानों ने इस अधिकारी के उग्र रूप का सामना करने के बजाय भाग निकलना ही बेहतर समझा। टाइगर हिल, जो सैन्य दृष्टि से द्रास सेक्टर के सबसे महत्त्वपूर्ण लक्ष्यों में से एक था, को हासिल करने में उनके प्रेरक नेतृत्व, अदम्य साहस और वीरता का महत्त्वपूर्ण योगदान था।

लेफ्टिनेंट कर्नल रामकृष्णन विश्वनाथन 18 ग्रेनेडियर्स

वीर चक्र

'ऑपरेशन विजय' के दौरान लेफ्टिनेंट कर्नल रामकृष्णन विश्वनाथन 18 ग्रेनेडियर्स के सेकेंड-इन-कमांड थे, जो द्रास सेक्टर के तोलोलिंग इलाके में ऑपरेशन चला रही थी। दुश्मन की ओर से कदमों को रोक देनेवाली अंधाधुंध फायरिंग और तोपखाने से की जा रही जबरदस्त गोलाबारी के बीच उन्होंने दुश्मन के ठिकानों को घेरकर असाधारण शौर्य का परिचय दिया, जब वह 15,000 फीट से भी अधिक ऊँचाई पर स्थित उस दुर्गम इलाके में पहुँचे और दुश्मन के करीब जाकर उसे चौंका दिया। इस हमले के दौरान लेफ्टिनेंट कर्नल विश्वनाथन को कई गोलियाँ लगीं। गंभीर रूप से घायल होने के बावजूद उन्होंने मैदान छोड़कर बचाव दल के साथ जाने से इनकार कर दिया और अपने सैनिकों को आगे बढ़ते रहने का हौसला दिया। वह दुश्मन पर टूट पड़े और उसके तीन मोर्चों को ध्वस्त करते हुए चार घुसपैठियों को गुत्थम-गुत्था की लड़ाई में अकेले ही खत्म कर दिया। उनके प्रयासों के कारण ही बटालियन दुश्मन के कब्जे वाले इलाके में अपने पैर जमा सकी, जिसके बाद पॉइंट 4590 पर कब्जा करना संभव हो सका।

लेफ्टिनेंट कर्नल रामकृष्णन विश्वनाथन भले ही अपनी यूनिट के सेकेंड-इन-कमांड थे, लेकिन उन्होंने अपनी वरिष्ठता को अनदेखा किया और उस मोर्चे पर जाना बेहतर समझा, जहाँ उनके सैनिक लड़ रहे थे, और तोलोलिंग में जहाँ दुश्मन ने अपनी पोजिशन को किले की तरह मजबूत कर लिया था, वहाँ धावा बोलने के दौरान सबसे आगे रहकर उनका नेतृत्व किया। हालाँकि उनके जख्म प्राणघातक सिद्ध हुए और भारतीय सेना की सर्वोच्च परंपरा का पालन करते हुए उन्होंने देश के लिए अपना सर्वस्व न्योछावर कर दिया।

संक्षिप्त शब्दों की सूची

सी.एच.एम.	–	कंपनी हवलदार मेजर
ई.एम.ई.	–	इलेक्ट्रॉनिक्स ऐंड मेकैनिकल इंजीनियर्स
जे.सी.ओ.	–	जूनियर कमीशंड ऑफिसर
एल.एम.जी.	–	लाइट मशीनगन
एल.ओ.सी.	–	लाइन ऑफ कंट्रोल
पी.टी.	–	फिजिकल ट्रेनिंग
आर.ए.पी.	–	रेजिमेंटर एड पोस्ट
एस.ए.एम.	–	सरफेस टू एयर मिसाइल
एस.एस.सी.	–	सर्विस सेलेक्शन बोर्ड
टी.सी.	–	ट्रेनिंग कंपनी
यू.एम.जी.	–	यूनिवर्सल मशीन गन

□□□